조선 역사학의 저력

순암 안정복의 동사강목

국립중앙도서관 출판예정도서목록(CIP)

조선 역사학의 저력 : 순암 안정복의 동사강목 / 오항녕 지음 ; 김건우 감수.
-- 서울 : 한국고전번역원, 2015
p. ; cm

이 책은 교육부로부터 인문학 진흥을 위한 저서출판지원을 받아 출간됨
ISBN 978-89-284-0337-0 43900 : ₩12000

안정복(인명)〔安鼎福〕
동사 강목〔東史綱目〕

151.581-KDC6
181.119-DDC23 CIP2015025564

조선 역사학의 저력

순암 안정복의 동사강목

오항녕 지음

한국고전번역원

머리말

역사 공부 안 해도 된다, 다만

우리는 이제부터 300년 전에 태어나서 활동했던, 우리나라의 역사학 연구자 중에서 훌륭한 선배 한 분을 만나 볼 것입니다. 순암順菴이라는 호를 가진 안정복安鼎福1712~1791이란 분입니다. 역사 시간에 배운 기억이 있지요? 그렇습니다. 『동사강목東史綱目』이란 역사책을 남긴 분입니다. 제목이 조금 어렵게 느껴지나요? 그러나 너무 걱정 말고 도전해 보세요.

역사 공부를 하지 않아도 되고 역사를 잘 몰라도 됩니다. 그러나 더러 밥을 굶을 수는 있지만 밥을 먹는 것이 인간의 생존 조건이고, 밥을 먹고 사는 것이 인간이 살아가는 모습이듯 역사는 인간으로서 인간답게 살아가도록 하는 조건이고 인간 본질 그 자체이기도 합니다.

이 말은 제가 늘 생각하고 글로 써 온 말입니다. 말 그대로, 역사 공부를 하든 안 하든, 『동사강목』이나 순암 안정복을 알든 모르든, 인간은 역사 속에서 살고 있고 그 자체가 역사라고 할 수 있습니다. 이런 이유 때문에 역사학은 현재 대학의 여러 분과 학문 중 하나이기도 하지만, 동시에 모든 학문의 형식이자 방법이며, 모든 학문의 성격 자체이기도 합니다. 의학사, 물리학사, 심리학사, 경제학사가 없는 의학,

물리학, 심리학, 경제학이 있을 수 없는 이유입니다.

역사란 인간이 살아온 흔적입니다. 역사학은 그 흔적을 지식의 형태로 축적하는 학문이지요. 따라서 역사학은 인문학, 즉 사람[人]의 무늬[文]를 배우는 학문에 속합니다. 역사는 인간이면 누구나 가지고 있는 무늬입니다. 누구나 시간의 흐름에 따라 변합니다. 태어나고 살고 죽습니다. 살았던 경험은 후대로 이어지거나 사라집니다. 누구도 이 변화에서 예외일 수는 없습니다.

학교에서 배우는 역사만 역사가 아닙니다. 일상을 적는 일기나 누군가에 대한 그리움을 달래려고 소중히 보관하고 있는 사진도 역사입니다. 무엇보다 보관하고 있는 행위 자체가 역사입니다. 일기를 쓰거나 메모를 하는 한 역사는 우리를 맴돌지요. 아니, 내가 뭐 하고 살았는지 기억하는 순간, 뭘 하고 살지 생각하는 순간, 나는 역사적 존재로 떠오릅니다.

'역사적'이란 말은 시대에 따라 성격이 달라진다는 뜻입니다. 똑같이 농사를 짓고 밥을 먹는 행위라 해도 조선 문명에서 농사와 식사는 21세기 현대 문명에서 이루어지는 그것과 사회적 성격이 다릅니다. 조선의 농사가 자급자족을 위한 것이라면 현대의 농사는 농산물을 팔기 위한 경제 활동의 일환으로 이루어집니다. 겉보기에는 같지만, 농사가 이루어지는 사회 구조가 다른 것입니다. 이를 역사성이라고 말할 수 있을 것입니다.

역사에 대한 인식, 역사학의 개념 또한 역사성을 띱니다. 우리가 살펴볼 『동사강목』이라는 역사서도 마찬가지지요. 순암 당시에는 법률, 정치, 경제, 문화 등이 대부분 역사인 '사史'에 속해 있었습니다. 따라서 『동사강목』 안에도 역사 이야기뿐만 아니라 각종 제도에 대한 언급이 많습니다.

『동사강목』이라고 했을 때, '동사東史'는 '동쪽 나라의 역사'라는 말입니다. 중국을 기준으로 했을 때 동쪽에 있기 때문에 우리나라를 '동국東國'이라고 부른 데서 붙여진 이름이지요. '강목綱目'의 강綱은 벼리, 목目은 눈을 말합니다. 벼리는 그물의 중심을 잡아 주는 줄 또는 지지대를 가리키며, 눈은 그물눈을 말합니다. 그물눈은 벼리를 중심으로 짜이게 됩니다. 강목체는 역사를 서술할 때, 중요 사건의 요지를 제시하고 전반적인 내용을 그 아래 달아 주는 방식입니다.

이는 날짜별로 일기를 쓰듯이 작성하는 자료 정리 방식인 편년체編年體가 진화한 역사 체재입니다. 우리가 잘 아는 실록은 평소 쓰는 일기와 마찬가지로 날짜순으로 되어 있습니다. 이것이 역사를 기록하는 가장 기초적 방법인 편년체입니다. 거기서 좀 더 보기 쉽게 가공하면 강목체가 됩니다. 그러나 역사를 기록하는 방법에 우열이 있는 것은 아닙니다. 누가, 언제, 무슨 목적으로 역사를 알려고 하는지에 따라 방식이 달라지는 것이지요.

순암이 살았던 시대에는 '역사'라는 말에 어느 정도 종교성이 들어가 있는 듯합니다. '역사가 종교이다.'라는 말이 아니라, '역사에 종교성이 있다.'라는 겁니다. 세상 어느 것도 변하지 않는 것이 없습니다. 인간도 당연히 변하지요. 동시에 생존 기간도 백 년을 넘기 어렵습니다. 언젠가는 죽습니다. 그런데 이렇듯 유한한 인간이 종종 자신의 유한함을 뛰어넘어 존재하는 자신을 상상합니다. 여기서 종교가 생기는데, 저는 이런 특성을 종교성이라고 불렀습니다.

가끔 "내 행동은 역사가 평가할 것이다."라고 말하는 사람들을 봅니다. 죽은 뒤에 하나님도 염라대왕도 아닌, 역사가 평가한다니, 참 특이한 발상입니다. 역사가 평가한다는 것은 훗날 후세가 평가한다는 말이지 않습니까? 심판자가 신이 아닌 후세 인간이고, 기억하는 것도 신이 아닌 후세 인간입니다.

우리는 학교에서 국사를 배우지만, 국사만이 역사는 아닙니다. 나, 가족, 취미, 종교, 학교, 지역, 지방, 세계 등 내 주변에서도 역사를 이루는 층위는 다채롭습니다. 『동사강목』을 같이 읽으면서 강목체 역사를 만들어 보면 어떨까요? 자신이 본 역사를 담아 요점을 제시하고 설명을 붙이는 방식으로 기록해 보는 겁니다. 『김연아강목』, 『박지성강목』도 좋고 『우리집안강목』도 좋고, 자신이 다닌 학교와 친구들의 이야기를 담은 『우리학교강목』도 좋지요. 『동아리강목』도 좋겠네요. 사건을 중심으로 다룬다면 『세월호강목』도 가능하겠지요. 지역으로 시야를 넓히면 『인천강목』 또는 『대구강목』, 『광주강목』도 나올 수 있지요. 그러고 보니, 순암의 『동사강목』이 먼 데 있는 역사가 아니라는 생각이 듭니다. 우리 가까이엔 언제나 불러올 수 있는 역사 속의 훌륭한 선배가 참 많이 있습니다.

2015년 8월
전주대학교에서
오항녕

차례

제2부
『동사강목』으로 다시 보는 우리 역사

제1장 민족

제2장 정치

제3장 민생

제4장 사상

제5장 국제

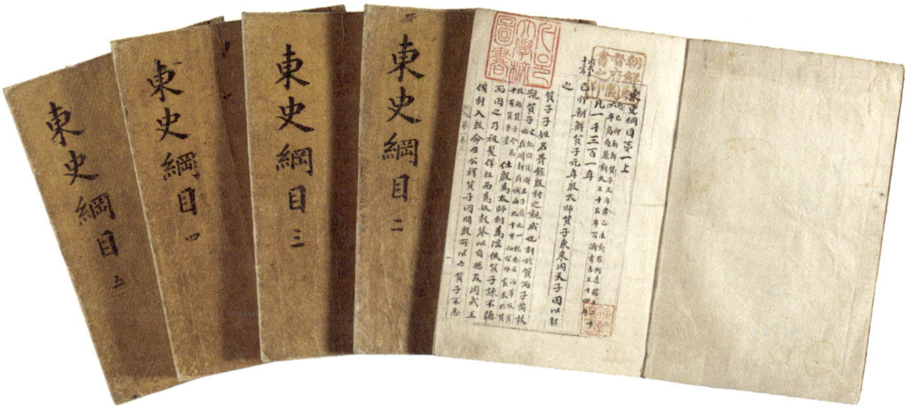

동사강목東史綱目

기자, 단군 조선부터 고려 말까지의 통사通史. 순암 안정복1712~1791이 1756년영조21에서 1759년 사이에 편찬하였지만, 이후 계속 수정을 거쳐 1780년대 후반에 완성하였습니다. 사실을 연대순으로 기록하면서 강목綱目의 형식을 빌려 중요하다고 생각하는 사건을 골라 큰 글씨로 쓰고[綱] 그 아래에 내용을 설명하였으며[目], 강목의 세부 사항은 주석을 달아 해설[按]하였습니다.

역사가 안정복

동사강목을 읽기에 앞서

탄생, 표범을 품은 꿈을 꾼 날 태어나다

안정복安鼎福은 1712년숙종38 음력 12월 25일 충청도 제천堤川의 유원楡院에서 태어났습니다. 자字는 백순百順이고, 호는 순암順菴입니다. 본관은 광주廣州입니다. 이 책의 저자이고 우리에게 배울 것을 많이 남긴 훌륭한 학자니까 이분을 부를 때는 이름을 바로 부르지 않고 '순암'이라는 호를 쓰도록 하겠습니다.

순암이 태어나던 해 3월, 어머니 이씨李氏가 하늘에서 붉은 기운이 내려와 침상 주위를 감싸는 꿈을 꾸고 그를 임신하였다고 합니다. 또 순암이 태어나던 날 새벽에는 붉은 반점이 있는 표범을 가슴에 품는 꿈을 꾸고서 놀라 깨어났는데, 이날 술시戌時 저녁 7~9시에 그를 낳았습니다.

학문, 글자로 된 것은 모조리 읽다

원래 그해에 순암의 할아버지 안서우安瑞羽는 한양漢陽의 청파리靑坡里에 세를 들어 살고 있었습니다. 청파리는 숭례문崇禮門 밖이라고 했으니, 현재 숙명여자대학교가 있는 용산구 청파동 근처를 말합니다. 한양 도성 안이 아니고 성 밖이었지요.

10월에 할아버지가 가족을 거느리고 제천의 유원에 있는 친척 윤훈갑尹訓甲의 집으로 이사를 갔습니다. 4세 때인 1715년숙종41에 순

경도京都

18세기에 만든 군현 지도집인 『해동지도海東地圖』 중 한양 지도입니다. 도성을 중심으로 위쪽으로는 북한산성을, 아래쪽으로는 한강을 볼 수 있습니다. 순암은 어렸을 때 시골과 서울을 오가며 성장하였는데, 서울에서는 주로 남대문 근처에 살았습니다.

암은 다시 어머니를 따라 한양으로 올라와 건천동乾川洞 현재 중구 인현동 일대에 있던 외갓집에서 살았습니다. 그리고 6세 때인 1717년숙종43 가을, 어머니와 함께 전라도 영광靈光의 월산月山으로 갔습니다. 거기에 외가의 농장이 있었는데, 외할머니가 내려가자 외가에 살던 순암도 함께 내려간 것입니다. 순암도 여느 아이처럼 앓으면서 컸습니다. 천연두에 걸리기도 했고, 홍역을 치르기도 했습니다.

9세 때인 1720년숙종46에 순암은 다시 상경하였습니다. 집은 남대문밖 남정동藍井洞에 있었습니다. 남정동은 쪽샘골 또는 쪽우물골이라고 불렀는데, 현재 남대문로입니다. 순암은 시골로 서울로 이사를 다니느라 어렸을 때는 차분히 공부할 기회가 없었나 봅니다. 10세가 되어서야 『소학小學』을 읽었다고 합니다. 그러나 문장을 분명히 이해하고 문장을 보는 견해가 정확하여 몇 년 지나지 않아 어렵지 않게 책을 읽을 수 있게 되었습니다.

이후로도 순암은 14세 때인 1725년영조1에 할아버지의 부임지인 경상도 울산蔚山으로 옮겨 갔다가, 이듬해에 할아버지의 부임지가 전라도 무주茂朱로 교체되자 다시 새 부임지로 이사를 갔습니다.

17세 때인 1728년, 무신년에 일어나 무신난이라고도 하는 이인좌李麟佐의 반란이 일어났습니다. 이때 재미있는 일화가 있습니다. 4월 22일, 순암이 무주 집에서 보니, 동쪽 하늘에 검은 기운이 자욱한 가운데 붉은 기운이 쭉 뻗어 나가는 것이 보였습니다. 그는 "저것은 천문서天文書에서 말한 전쟁 기운인데, 주군主軍이 객군客軍을 이기는 조짐이다."라고 했답니다. 다른 사람들은 믿지 않았습니다. 그런데 이

틀 뒤에 반란군의 장수 이웅보李熊報 등이 안음安陰과 무주의 경계 지점에 있는 초현草峴의 동쪽에서 싸우다 패하여 사로잡혔다는 소문이 들렸습니다. 그제야 사람들은 순암의 해석에 탄복했다고 합니다.

순암은 18세에 성씨成氏와 혼인하였고, 21세에 아들 안경증安景曾을 낳았습니다. 그리고 25세 때인 1736년영조12 10월에 광주廣州 경안면慶安面 덕곡리德谷里에 집을 짓고 살기 시작했습니다. 이듬해부터 순암은 본격적으로 『성리대전性理大全』을 읽었습니다.

순암은 학자가 한 가지 재능만 지녀서는 안 된다고 생각했습니다. 그래서 경학經學과 역사歷史, 시詩나 예禮 이외에 음양陰陽·성력星曆·의약醫藥·복서卜筮에 대한 서책 및 손자孫子·오자吳子의 병서兵書, 불가佛家·도가道家의 서책, 패승稗乘 패관이 기록한 역사물이나 소설小說에 이르기까지, 글자가 생긴 이래 나온 문헌이란 문헌은 두루 다 구해 읽어 보았습니다. 그러다 보니 대략 15세 무렵부터 이미 박식하다고 소문이 났던 것이지요.

저술, 기록을 남기기 시작하다

순암은 일찍부터 역사에 관심이 많았습니다. 역사를 좋아하다 보면 대개 먼저 도표를 만들어 윤곽을 잡기 마련인데, 순암도 마찬가지였습니다. 순암은 「치통도治統圖」와 「도통도道統圖」라는 두 그림표를 만들었습니다. 치통도는 역대 제왕의 계통을 그린 것이고, 도통도는 역대 성현聖賢의 계통을 그린 것입니다.

순암 집안은 당시 조정에서 세력을 잃었던 남인南人으로, 가세가 기울어 빈곤하였습니다. 관직에 나아가지 않으면 한가한 시간이 많아집니다. 시간이 많다고 해서 누구나 학문에 뜻을 두는 것은 아니지만, 예전 학자들 중에는 학문에 힘쓰기 위해 관직에 나아가지 않고 칩거한 분이 많았습니다.

순암은 꾸준히 저술에 몰두했습니다. 『하학지남下學指南』이란 책을 지었는데, 이는 옛 성현의 아름다운 말씀이나 훌륭한 행실 가운데 하학下學, 즉 일상적인 배움에 속하는 내용을 모은 책입니다. 『하학지남』의 짝으로 『내범內範』을 편찬하기도 하였습니다. 이는 여성의 학습과 행실에 대한 책으로, 주자朱子가 『소학』의 짝으로 구상했다가 미처 저술하지 못한 것을 순암이 완성한 것입니다. 순암은 주자의 뜻을 존중하여 편목編目도 주자가 정한 책을 따랐습니다.

순암은 또 「정전설井田說」을 지었습니다. 『주례周禮』를 위주로 하고, 여기에 『맹자孟子』, 『춘추공양전春秋公羊傳』 하휴何休의 주註, 반고班固가 지은 『한서漢書』 「식화지食貨志」, 주자의 학설 등을 참고하여 저술했습니다.

『동사강목』의 긴 여정

순암이 『동사강목』을 편찬한 시기는 45세 때인 1756년영조32부터 1759년경 사이로 알려져 있습니다. 이듬해인 1760년이라고도 합니다. 하지만 『동사강목』이 간단한 책이 아니었기 때문에 이후로 계속 교정과 수정을 반복하였습니다. 순암 자신도 『동사강목』 서문에서 이 책을 완성한 뒤에도 깨끗하게 베껴 두지 못했다고 말하였습니다. 이때가 1776년, 정조 즉위년입니다.

이때부터 3년 동안 『동사강목』을 다시 정리하여 1778년에 필사본을 완성합니다. 『동사강목』의 정리가 늦어진 데에는 안타까운 이유도 있습니다. 종이를 마련하기가 어려워 손을 놓고 있었다는 것입니다. 그럴 만도 합니다. 현재 정리된 『동사강목』의 규모가 저 정도이니 이를 완성하기까지 무척이나 많은 양의 종이가 필요했으리란 것을 쉽게 짐작할 수 있습니다.

정조는 동궁 시절에 『동사강목』에 대해 듣고 순암에게 보여 달라고 요청한 적이 있습니다. 순암이 관직 생활을 할 때였지요. 보통 벼슬을 하다 보면 학문 연구에 집중하기 어려운데 세손이던 정조의 요청은 『동사강목』을 수정하는 계기가 되었습니다. 이래서 좋은 만남이 중요한가 봅니다.

1781년정조5 수정이 완료된 뒤 순암은 정조에게 『동사강목』을 올렸습니다. 그러나 전주 감영에서 옮겨 쓰는 과정에서 오자誤字가 많아 순암은 이를 두고 "초안에서 더 나아진 것이 없었다."고 평가하였

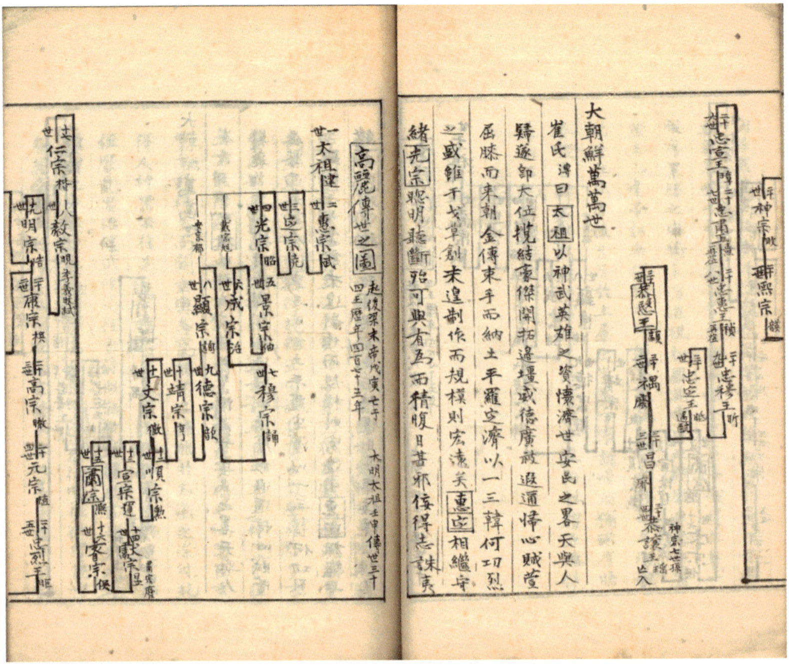

동사강목초東史綱目抄

『동사강목』의 초기 모습을 보여 주는 책으로, 고려 왕의 세계世系를 그린 부분입니다. 순암은 1756년부터 『동사강목』 편찬을 시작하여 1780년대 후반에야 완성하였습니다.

습니다. 현재까지 연구된 바에 따르면 『동사강목』 편찬이 완료된 시기를 1780년대 후반으로 보는 것이 일반적입니다.

역사학자 순암, 역사로 남다

『동사강목』이 초고 상태이기는 하지만 어느 정도 마무리되었던 56세 때인 1767년영조43에, 순암은 『동사강목』에 이어서 바로 『열조통기列朝通紀』 편찬을 시작하였습니다. 이 책은 『동사강목』에 가려 드러나지 않았지만 순암이 남긴 귀중한 역사서 중 하나입니다. 그러므로 이 책을 잠시 소개하겠습니다.

총 25권인 『열조통기』는 실록 같은 편년체 역사서로 조선 건국에서 영조 대까지를 다루었습니다. 그러나 편년체 방식을 기계적으로 적용한 것은 아닙니다. 『열조통기』 곳곳에서 주요한 사건을 연도별로 편집하면서도 그와 관련된 사실이 있으면 비록 후대의 것이라도 함께 수록하여 이해를 도왔습니다.

순암은 편년체 『열조통기』를 편찬하면서 기사의 연대를 밝히는 데 고심했는데, 고심한 흔적이 기사 말미의 작은 주註 '연월을 고찰하지 못하였다.[年月未考]', '연월이 분명치 않다.[年月未詳]' 등에 남아 있습니다.

64세 되던 1775년영조51 가을에 『주자어류절요朱子語類節要』를 완성하였습니다. 『주자어류』가 학자에게 긴요한 책인데도 책 수가 아주 많고 겹치는 말도 많아서 자세히 살펴 가며 읽기 어렵다고 여겼습니다. 이에 번잡한 것을 잘라 내고 요점만을 추렸는데, 이 책이 총 8권의 『주자어류절요』입니다.

한평생 공부에 매진했던 순암의 모습은 74세 때 지은 「위학잠爲學

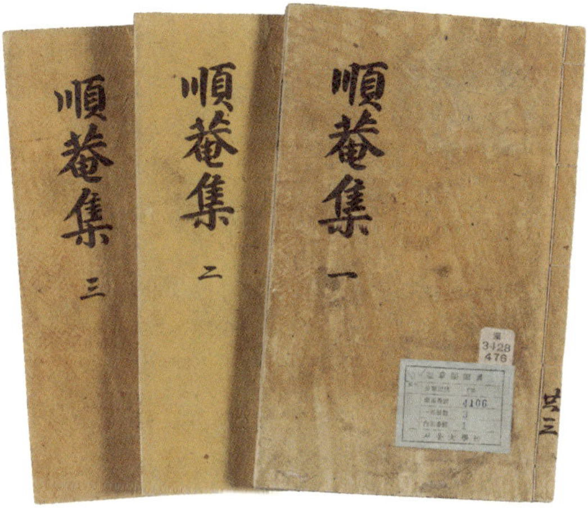

순암집順菴集
제자 황덕길黃德吉이 편집한 순암 안정복의 시문집입니다. 조선 시대의 문집은 대개 후학이나 후손들이 저자 사후 저자가 남긴 글을 모아 편찬하였습니다.

箴」에서도 엿볼 수 있습니다.

학문을 하는 일은　　爲學之工
경전을 연구하고 몸가짐을 공손히 하는 것　　窮經居敬
경전으로 모든 이치 환히 꿰뚫고　　經通萬理
공경으로 몸가짐을 잘 간직한다.　　敬貫動靜
아침저녁 부지런히 힘써　　夙夜孜孜
오직 덕을 지키며　　惟德之秉
잠시라도 소홀히 말고　　須臾莫忽
일마다 신중히 살피라　　隨事警省

학문을 하는 공부는　　爲學之工

공경과 부지런함뿐이니	惟敬惟勤
게으름 물리치고 나태함 경계하여	勝怠警惰
아침저녁으로 마음을 가다듬으라	惕厲朝曛
한번 살피지 못하는 데서	一或不省
성인과 미치광이가 나뉘나니	聖狂斯分
늙을수록 더욱더 돈독히 믿어	老更篤信
나의 마음을 섬길지어다	事我天君

1791년정조15 7월 오시午時 낮 11~1시, 조선에서 가장 출중했던 역사학자 순암은 80세의 나이로 세상을 떴습니다.

제1부

조선 역사학의 저력을 보여 준 책, 『동사강목』

제1장

역사、기록의 힘

역사가의 큰 원칙은 역사의 정통성과 계통을 밝히고、 찬적簒賊을 엄하게 다스리고、 충절을 드러내 주고、 옳고 그름의 기준을 바로잡고、 전장典章을 자세히 기록하는 것이다。

『동사강목』 서문

우리나라의 역사서 또한 구색을 갖추었다. 기전체紀傳體로는 김부식金富軾의 『삼국사기三國史記』와 정인지鄭麟趾의 『고려사高麗史』가 있고, 편년체로는 서거정徐居正과 최부崔溥가 임금의 교지를 받들어 저술한 『동국통감東國通鑑』이 있다. 이를 바탕으로 유계兪棨가 『여사제강麗史提綱』을, 임상덕林象德이 『여사회강麗史會綱』을 지었다. 축약본으로는 권근權近의 『동국사략東國史略』과 오운吳澐의 『동사찬요東史纂要』 등이 찬란하게 빛나고 있다.

그렇지만 『삼국사기』는 소략하면서 사실과 다르고, 『고려사』는 번잡하면서 요점이 적고, 『동국통감』은 범례가 많이 어그러졌고, 『여사제강』과 『여사회강』은 필법筆法이 더러 어긋난 경우도 있다. 오류가 그대로 답습된 것은 모든 책이 비슷하였다. 내가 그것을 읽고 개탄스러워 마침내 바로잡을 생각을 하게 되었다.

우리나라의 역사와 중국의 역사 중에서 우리나라의 일에 대해 언급한 사실을 널리 취하여 주자朱子가 만든 원칙과 방법에 따라 한 질의 책을 만들었다. 하지만 이는 우리 집에 보관해 두고 참고 자료

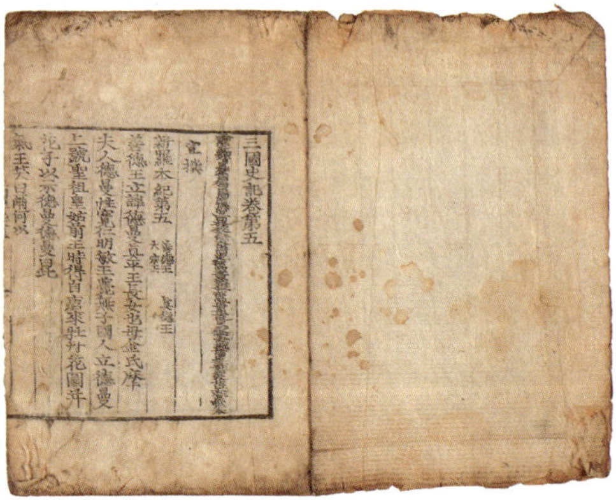

삼국사기三國史記

1145년(고려 인종23)에 삼국과 통일 신라의 역사를 기전체 형식으로 담은 역사서입니다. 김부식이 주도하여 편찬하였습니다. 순암은 『삼국사기』가 소략하면서 사실과 다르다고 평가하였습니다.

로 쓰려 한 것일 뿐 감히 새로운 책을 저술하려는 의도는 아니다.

역사가의 큰 원칙은 역사의 정통성과 계통을 밝히고, 찬적簒賊인군의 자리를 찬탈하는 역적을 엄하게 다스리고, 충절을 드러내 주고, 옳고 그름의 기준을 바로잡고, 전장典章을 자세히 기록하는 것이다. 그런데도 여러 역사책에 많은 문제가 있어 모두 바로잡아 정리하였다. 또 오류가 심한 것은 따로 부록 2권을 만들어 아래에 붙여 놓았다.

책이 완성되고 20여 년이 지나도록 깨끗하게 베껴 두지 못하였다가, 1776년정조 즉위년 겨울에 호서 지방의 수령으로 나가서 공무를 보는 여가에 비로소 한 본本을 쓰고, 이어서 그 경위를 적어 집안 자제에게 준다.

1778년정조2 2월 1일

목주木州의 용회당用晦堂에서 한산漢山 안정복 씀

『동사강목』「서序」

어떤 책이든지 서문은 가장 먼저 읽어야 할 부분입니다. 저자가 그 책을 저술한 이유와 목적에 대해 심혈을 기울여 작성해 두었기 때문이지요. 순암도 『동사강목』「서문」에서 이 책의 편찬 목적과 기본 방향을 밝히고 있습니다. 이 책을 지은 곳 목주는 충청도 목천木川입니다. 순암은 1776년 9월 목천 현감으로 부임했습니다. 이 시기에 쓴 「목주 정사木州政事」라는 글이 『순암집』에 실려 있는데, 지방 행정가 순암의 면모를 알 수 있는 좋은 자료입니다.

『동사강목』「서문」에서 말한 세세한 부분은 앞으로 살펴볼 것이니 여기에서는 윤곽부터 먼저 보겠습니다. 순암은 우리나라의 역사서를 크게 기전체와 편년체로 나누어 보고 있습니다. 기전체로는 김부식의 『삼국사기』와 『고려사』를 꼽았고, 편년체로는 서거정과 최부가 편찬한 『동국통감』을 꼽았습니다. 『고려사』는 「고려사를 올리는 글[進高麗史箋]」을 쓴 정인지가 편찬 책임자로 알려져 있지만, 실제 책임자는 김종서金宗瑞였습니다. 수양 대군이 1453년단종1에 정변을 일으켜 김종서, 황보인皇甫仁 등을 죽이고 왕위에 오른 뒤 『고려사』 편찬 업적까지 가로챈 것이지요.

야연사준도夜宴射樽圖

김종서가 밤에 연회를 열고 있을 때 날아온 화살이 술동이에 박혀도 놀라지 않았다는 일화를 그린 그림입니다. 김종서는 여진을 물리치고 육진六鎭을 개척한 사람으로 유명하지만 고려의 역사를 기전체로 엮은 『고려사』를 편찬한 책임자이기도 합니다.

역사 편찬에서 중요한 세 가지

순암은 역사가가 역사 편찬에서 가장 중요하게 여겨야 할 일 세 가지를 이야기하고 있습니다. 첫째가 정통성과 계통을 밝히는 일이고, 둘째가 찬적을 엄하게 다스리고 충절을 드러내 주고 옳고 그름의 기준을 바로잡는 일이고, 셋째가 전장을 자세히 기록하는 일입니다.

하나. 정통성과 계통을 밝히는 일

중국처럼 분열과 통일을 거듭하는 역사 상황 속에서는 현실 공간에 대한 시간적 구획이 문제가 되기도 합니다. 분열된 여러 나라의 상황을 기전체로 기술하는 데는 문제가 없지만, 편년체로 기술할 경우에는 어느 나라의 연호年號를 기준으로 삼을 것인가 하는 문제가 생기게 마련입니다. 연호는 임금이 즉위한 후, 왕년 앞에 붙이던 칭호입니다. 연호가 편의에 따라 선택하는 것이 아니라 궁극적으로 역사 인식과 닿아 있는 것이라면 연호 사용은 단순한 기술記述상의 문제가 아닙니다. 시간적 의미의 통사通史가 갖는 의의와 더불어, 공간에서의 정통을 정리하는 방법에 대한 질문이 나오게 됩니다. 중국 송나라 때 등장한 '정통론正統論'이 이와 관련된 논의입니다.

역사 서술에서, 어떤 사상가가 정통을 드러내기 위해서는 연호를 통해 정통을 잡고 편년체 통사를 편찬해야 합니다.

둘. 찬적을 엄하게 다스리고, 충절을 드러내 주고, 옳고 그름의 기준을 바로잡는 일

역사의 심판을 두렵게 여기다

찬적이란, '찬적' 자체로 '부당하게 나라를 빼앗은 역적'이라는 뜻도 되지만, '찬탈하다·빼앗다[簒]'라는 뜻과 '해치다[賊]'라는 두 가지 뜻 모두를 담은 말로도 볼 수 있습니다. 맹자孟子는 공자孔子가 『춘추春秋』를 편찬한 의도를 서술하는 대목에서 다음과 같이 말했습니다.

> 진晉나라의 『승乘』, 초楚나라의 『도올檮杌』, 노魯나라의 『춘추』는 모두 한가지이다. 기록한 내용은 제 환공齊桓公이나 진 문공晉文公에 대한 일이고 문체는 사관史官의 문체이다. 공자는 "역사 편찬의 의의는 내가 나름대로 정리하였다."라고 하였다.
>
> 『맹자』「이루 하離婁下」

춘추春秋
공자가 노나라 은공隱公부터 애공哀公까지 242년(기원전722~기원전481) 동안의 사적事跡을 편년체로 기록한 역사서입니다. 맹자는 "공자가 『춘추』를 완성하자 난신적자가 벌벌 떨었다."라고 하였습니다.

> 세상살이의 질서와 원칙이 쇠미해지면서 거짓된 말과 몹쓸 행동이 생겨났다. 신하가 임금을 시해弑害하는 경우도 있고, 자식이 아비를 해치는 경우도 있었다. 공자가 이런 세태를 걱정하여 『춘추』를 지었다. …… 『춘추』가 완성되자 난신적자亂臣賊子들이 벌벌 떨었다.
>
> 『맹자』「등문공 하滕文公下」

이후에도 역사를 승乘이라고 표현하기도 합니다. 조선 시대의 야사野史를 모아 엮은 책 제목도 『대동야승大東野乘』입니다. 맹자의 말, 특히 두 번째 말에 주목할 필요가 있습니다. 맹자의 이 『춘추』에 대한 관점이 후세에 동아시아에서 가장 주목받는 역사의 존재 의의가 되었기 때문입니다. 순암의 '찬적'은 맹자의 '난신적자'를 달리 표현한 것일 뿐입니다.

이 '난신적자'라는 표현에서 나타나듯 유가儒家는 인간 사회의 보편적 질서를 중시합니다. 먼저 주목할 것은 맹자가 역사의 효용을 '난신적자들이 두려움에 떨게 하는 것'에 두었다는 점입니다. 이상하지 않나요? 왜 맹자는 역사를 통해 두려움을 줄 수 있다고 생각했을까요? 왜 순암 역시 맹자의 이런 역사관을 받아들였을까요? 이런 관점을 학계에서 흔히 말하는 '도덕주의적 역사관'이라는 말로 이해할 수 있지 않을까요? 맹자가 말했던 난신적자의 '두려움'은 무엇이었을까요? 그것은 다름 아닌 역사에 이름 적히는 것에 대한, 역사의 심판에 대한 두려움이었습니다.

천하에 하루라도 역사 기록이 없어서는 안 된다

순암은 민지閔漬가 『본조편년강목本朝編年綱目』을 편찬하여 올렸다는 기사에서 이 점을 분명히 밝혔습니다.

강 정사년(1317)|충숙왕 4년| (중략) 여름 4월. 정승 민지가 『본조편년강목』을 편찬하여 올렸다.

목 처음에 정가신鄭可臣이 『천추금경록千秋金鏡錄』을 편찬하였다. 충렬왕이 민지에게 증보해서 간행하도록 명하였으나, 나라에 변고가 많아서 손댈 겨를이 없었다. 그러다 후에 권보權溥와 함께 교정하여 찬술을 마치고 『세대편년절요世代編年節要』라 이름하였다.

호경 대왕虎景大王에서 원종까지의 일을 7권에 기록하였고, 「세계도世系圖」를 함께 만들어 올렸다. 이때에 와서 또 『본조편년강목』을 편찬하였는데, 나라를 세운 태조 왕건에서 고종까지의 일을 총 42권에 기록하였다. 종묘 신위의 차례 의식에 대한 주장은 『세대

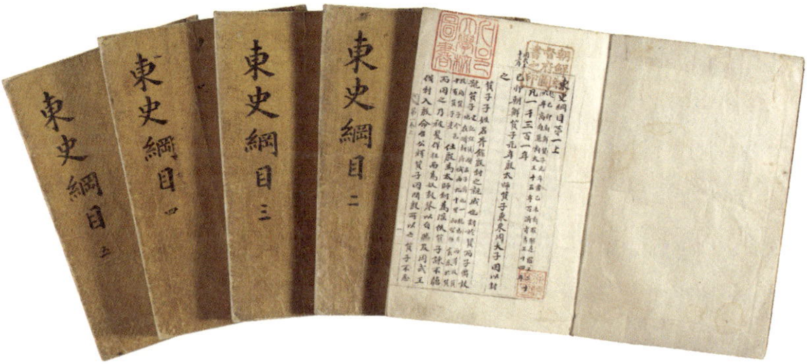

동사강목東史綱目

순암은 『동사강목』에서 자신의 견해를 '안按'이라는 방식으로 언급하면서 아무리 어려운 때라도 역사 기록이 없어서는 안 된다고 강조하였습니다.

편년절요』와 같지 않았다.

민지는 글솜씨가 약간 있었으나, 속된 기질이 많고 마음 씀이 바르지 못하였으며 궁궐 나인들에게 아첨하였다. 또 성리학을 잘 몰라서 그가 논의한 내용이 성인聖人의 뜻과 배치된 것이 많았다. 심지어 그는 주자의 종묘 신위의 차례 의식에 대한 주장을 그르다고까지 하였다. 그가 편찬한 「유점사기楡岾寺記」에는 터무니없고 망령된 말이 많아 선비들이 비난하였다.

안 천하에 하루라도 역사 기록이 없어서는 안 된다. 그러므로 전쟁으로 어지러운 때에도 역사 기록을 멈춘 적이 없었다. 춘추 시대의 여러 나라나 동진東晉과 서진西晉 사이의 여러 나라의 일을 보면 알 수 있다. 그런 혼란기에도 그랬으니, 평상시야 어땠겠는가? 처음 개국하여 세대가 이어져 내려갈수록 기록할 만한 것이 더욱 많아진다. 그래서 세대가 점차 멀어질수록 사실을 잃게 될까 염려하고, 또 전쟁이라도 일어나 역사 기록이 훼손되거나 없어질까 염려하여 반드시 한가한 때에 별도로 한 책을 만들어 한 시대의 역사를 기록해 두는 것이다.

사마천司馬遷의 『사기史記』, 반고班固의 『한서漢書』, 손성孫盛의 『진춘추晉春秋』, 이도李燾의 『속자치통감장편續資治通鑑長編』, 진건陳建의 『황명통기皇明通紀』는 모두 당세 사람이 당세의 일을 기록한 것이다. 당시 꺼리던 일을 사실대로 썼는데도 그르다고 하지 않았고, 개인 저술인데도 참람僭濫하다 하지 않았다. 관청에서 붓과 종이를 지급하였고 책이 완성되면 함께 축하하기도 하였다. 이 때문에 역사에 재능이 있는 사람이 그 뜻을 펼칠 수 있었고 증거가 될 문헌이 남을 수 있었다. 그런데 후세에 야사를 금지하면서부터 수십 년만 지나도 선행과 악행의 증거가 모두 없어져 악을 행하는 자가 꺼리는 것이 없게 되고, 난신적자들이 두려워할 것이 없게 되었으니, 이것이 이른바 군자君子에게는 불행이요, 소인小人에게는 다행이란 것이다.

『동사강목』 제13하

역사 기록의 효용

오래전부터 초등학교 교실에 가 보면 칠판 한 구석에 '떠든 아이'라고 쓰고는 그 아래 이름을 적은 것을 볼 수 있습니다. 반장 같은 아이가 나와서 이름을 적으면 그때까지 떠들던 아이들이 조용해지기 시작합니다.

칠판에 이름을 적는 행위만으로도 교실 안 공동체의 평화를 유지할 수 있지요. 저는 이 현상을 '떠든 아이 효과'라는 말로 설명하곤 합니다.

대체로 이름을 적는 방식은 동아시아 유가 전통에 가깝습니다. 맹자의 말대로 난신적자를 두렵게 만들었다는『춘추』의 전통이라 할 수 있습니다. 다음 몇 가지 역사 기록을 함께 볼까요?

> 친히 활과 화살을 가지고 말을 달려 노루를 쏘다가 말이 거꾸러져 말에서 떨어졌으나 다치지는 않았다. 좌우를 돌아보며 말하였다.
> "사관이 모르게 하라."
>
> 『태종실록』 4년 2월 8일

> 병조 판서 조말생趙末生이 춘추관에 가서 대제학 변계량卞季良에게 사적으로 부탁하여 전에 납입한 사초史草를 꺼내어 고쳤다. 변계량은 사관들에게 외부 사람들이 알지 못하게 하라고 주의를 주었다.
>
> 『세종실록』 6년 12월 20일

> 이날 이현로李賢老가 승정원에 이르러 일기를 보고서 '뇌물 받은 관리[贓吏]'란 두 글자를 고쳐 줄 것을 청하니, 주서注書가 그 말에

따라서 '중죄重罪'로 고쳤다.

『문종실록』 2년 5월 1일

역사에 들켰습니다. 사관에게 알리지 말라고 한 태종의 말은 사관이 듣고 실록에 적었고, 다른 사람에게 알리지 말라고 한 변계량의 경계 또한 아무런 효과도 없었습니다. 『승정원일기』에서 자신의 죄를 바꿔 달라 한 이현로의 청탁은 실록에 실려 6백 년이 다 되어 가는 지금 우리에게까지 전해지고 있습니다. 이것이 바로 순암이 '찬적'을 기록하고 '옳고 그름의 기준'을 기록해야 한다고 말했던 이유입니다.

순암은 역사 기록의 효용을 다음과 같은 기사를 통해 은연중에 우리에게 전하고 있습니다.

강 기축년(1289)|충렬왕 15년| 11월. (중략) 왕이 공주 및 세자와 함께 원나라에 갔다.

목 조인규趙仁規·인후印侯·염승익廉承益·안향安珦 등이 따라갔다. 이때에 임금을 수행하여 공을 세우려는 자가 많아서 인원을 결정하지 못하던 차에 일과 관련이 없다는 이유로 사관이 수행에서 제외되었다. 그리하여 이때부터 사관이 수행에 참가하지 않게 되었다.
유계兪棨는 다음과 같이 말하였다.
"임금은 모든 사람의 위에 있으므로 아무도 두려워할 사람이 없다. 다만 위로 하늘의 명과 아래로 후세의 논평을 두려워할 뿐이다. 선왕先王의 법에 임금의 좌우에 사관을 두어 임금의 행위를 반

안향 초상安珦肖像

안향은 고려 말에 성리학을 도입하는 데 선구적인 역할을 하여 높은 평가를 받았습니다. 그러나 유계는 안향이 충렬왕을 수행하여 원나라로 갈 때 사관을 배제했는데도 간언하지 않은 것을 두고 그를 비판하였습니다.

드시 기록하게 했기 때문에, 포악하고 어리석은 임금일지라도 절대로 사관을 물리칠 수 없었다. 그런데도 충렬왕은 원나라에 갈 때 일과 직접적인 관계가 없다 하여 사관을 데리고 가지 않았다. 교만 방자하고 무도한 충렬왕과 같은 자가 더 이상 꺼릴 것이 무엇이 있겠는가? 당시에 수행한 신하 조인규·염승익 같은 자야 나무랄 가치도 없다. 그러나 안향도 함께 갔는데, 한마디도 바로잡으려는 말이 없었으니, 이는 어째서인가? 말을 했는데도 듣지 않았기 때문에 이를 역사에 기록하지 않은 것인가?"

『동사강목』 제12하

셋, 전장을 자세히 기록하는 일

역사는 경험이 쌓인 것

전장이란 제도, 법률 등의 정치와 문화 일반의 성과를 말합니다. 「고려사를 올리는 글」에도 순암의 역사 인식과 상통하는 언급이 있습니다.

> 새 도낏자루를 만들 때는 낡은 도낏자루를 본보기로 삼고, 뒤 수레는 앞 수레가 간 데를 보고 갈 곳을 바로잡는다고 합니다.
>
> 『고려사』 「고려사를 올리는 글」

사람이 무슨 일을 할 때는 전에 어떻게 했는지 살펴보라는 말입니다. 경험에서 배운다는 뜻이지요. 우리는 배우기 위해 경험에 대한 기록을 남기는데, 그 기록을 역사라고 부릅니다. 역사를 남기는 첫 번째 이유는 배우기 위함입니다. 다른 데서도 순암은 이 점을 강조한 적이 있습니다.

> 문헌은 나라를 다스릴 때 꼭 힘써 정리해야 할 부분입니다. 옛날에는 사관이 문헌을 전담하였기 때문에 모든 문서의 사본을 전부 태사太史에게 올렸습니다. 이는 매우 중대한 의의를 지닙니다. 당나라 이후로는 그 문서를 별도의 책으로 만들어 『대당회요大唐會要』를 편찬했는데, 이러한 일은 그 후로도 계속 있어 왔습니다. 『대명회전大明會典』·『대청회전大淸會典』 같은 종류가 바로 그것입니다.

군주가 현명한지 어리석은지, 신하들이 간사한지 바른지, 나라가 잘 다스려졌는지 혼란스러웠는지에 대해서도 나라의 역사서에 기록하고 있지만, 그 밖의 예악禮樂·형정刑政같이 나라를 다스리는 모든 수단과 천하의 모든 일도 전부 분류하여 기록했습니다. 그 덕분에 중국의 문헌이 빠짐없이 상세하게 갖추어져서, 가만히 앉아서도 장단점을 고려하여 대책을 수립할 수 있고, 백 세대가 지난 후라도 착오 없이 살피고 징험할 수 있습니다.

『순암집』「홍 참판에게 보냄○경인년與洪參判書○庚寅」

순암이 편지를 보낸 홍명한洪名漢은 『동국문헌비고東國文獻備考』의 인쇄를 감독하는 당상관이었습니다. 편지를 보낸 1770년영조46에 『동국문헌비고』를 편찬하였으니, 바로 이 책을 편찬하면서 나눈 이야기임을 알 수 있습니다. 순암은 역사를 경험이 쌓인 것으로 보았습니다. 경험을 문헌으로 남기고, 훗날 이 문헌을 통해 역사를 참고할 수 있다고 보았습니다.

기록 행위와 역사 서술

전통적으로 동아시아에서 사史는 기록 행위[Documentation]와 역사 서술[Historiography]을 통칭하여 부르는 말이었습니다. 기록 행위는 어떤 매체나 방식을 통해서든 경험을 적어서 남기는 것이고, 역사 서술은 그 기록을 통해 역사를 이야기해 주는 것입니다. 둘 다 역사지만 대체로 근대 역사학 분과에서는 후자를 역사학으로 치고, 전자는 기록학·기록 관리학·문헌 정보학·도서관학이라는 이름으로 부릅니다.

조선왕조실록에 대한 오해도 여기서 시작됩니다. 실록을 마치 근대 역사 서술의 결과물인 것처럼 이해하는데, 실은 하루하루의 일기 같은 기록 행위의 결과입니다. 날짜, 날씨가 나옵니다. 서로 연관이 되기도 하지만, 연관되지 않아도 상관없는 사실과 사건, 오고 간 문서가 차례차례 차곡차곡 쌓인 기억의 기록입니다. 내가 저녁에 쓰는 일기를 나라 차원에서 쓴 결과라고 보면 됩니다. 그래서 '편찬'이라는 말을 썼던 것입니다.

반면 '한국사 교과서'는 역사 서술의 산물입니다. 순암의 말에도 '국사'라는 표현이 나옵니다. 『동사강목』도 '국사의 하나'입니다. 기록을 통해 역사를 이야기해 주고 있기 때문입니다.

편년체와 기전체

순암은 우리나라 역사서를 편년체와 기전체로 나누어 설명했습니다. '편년編年'이란 '연도별로 기록한다'는 뜻입니다. '기전紀傳'이란 말은 '본기本紀'와 '열전列傳'에서 한 자씩 따온 것입니다.

조선왕조실록이나 우리가 쓰는 일기는 편년체에 속하는데, 이 방법을 쓰면 어떤 대상, 어떤 시기라도 기록할 수 있습니다. 그러므로 가장 기본적이고 간단한 역사 서술 방법입니다. 편년체는 통사通史든 단대사斷代史든 모두 적용할 수 있습니다.

통사는 원래 양 무제梁武帝 때 편찬된 역사서의 명칭에서 유래하였는데, '통通'의 의미를 '위에서 아래까지 쭉 통한다.[上下通達]'라는

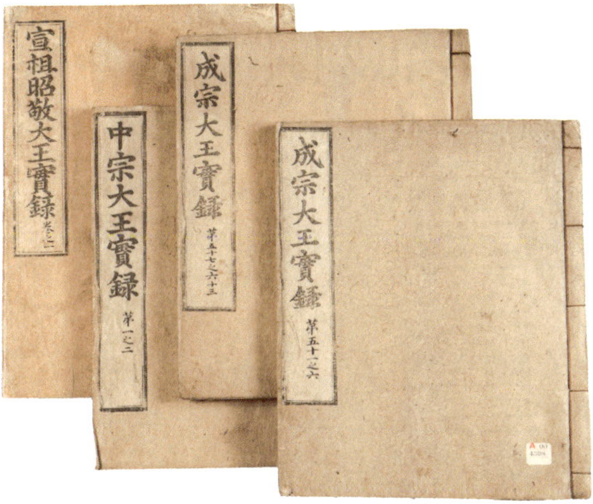

조선왕조실록
朝鮮王朝實錄
성종·중종·선조의 실록 사진입니다. 조선왕조실록은 태조부터 철종까지 472년의 조선 역사를 편년체로 기술하였습니다. 유네스코에서 지정한 세계기록유산으로, 우리나라를 대표하는 역사 기록물입니다.

말로 사용하면서 보통명사화된 것으로 보입니다. 여기서 '위아래'는 '위로는 황제 때부터, 아래로는 한나라 무제 때까지[上起黃帝, 下窮漢武]', '태초에서 당대當代까지'와 같은 시간적 의미입니다. 그래서 고대부터 현재까지 한 나라의 전 역사를 기록한 역사책 이름에 '한국 통사', '중국 통사'라는 제목이 붙게 된 것이지요. 순암의 『동사강목』 또한 통사입니다. 통사란 '역사는 왕조의 흥망에 따라 단절되지 않고 왕조가 교체되어도 연속된다는 의식을 바탕으로 후세에 명확한 견해를 가지고 과거의 사적을 재편성한 역사서'를 말합니다.

단대사는 왕조나 하나의 나라 단위로 서술하는 역사를 말합니다. 왕조나 나라가 멸망하고 나면 역사를 정리할 때 편년체보다는 기전체가 편했을 것입니다. 왜냐하면 기전체는 본기에서 대체를 포괄하고, 열전에서 구체적인 인물과 사건을 상세히 기록할 수 있으며, 표表

를 통해 시대와 관직을 계보에 따라 체계화하고, 지志에서 천문·지리 및 국가의 문물과 제도에 이르기까지를 포괄할 수 있기 때문입니다.

기전체의 창시자는 사마천인데, 『사기』는 기전체이면서 통사라고 볼 수 있습니다. 본기·세가世家·열전·표·지를 통해 정치적 사건으로부터 천문·지리 및 국가의 문물과 제도에 이르기까지, 중대한 일이든 작은 일이든 잘 드러나지 않는 일까지도 놓치지 않고 과거의 사실들을 상세하게 기록했습니다. 중국의 25사史, 『삼국사기』, 『고려사』는 모두 기전체 단대사라고 볼 수 있습니다.

제2장

강목, 기록의 방식

예전에 편찬된 책을 고찰하면 모두 의례가 있으니, 마치 법률에 판결의 기준이 있고 예와 음악에 의식과 절차가 있는 것과 같다. 더구나 역사학 자료는 내용이 많고 복잡하다. 따라서 요지를 밝히고 범례를 세워 일관되게 따르지 않으면 저술의 취지를 밝힐 수 없고 권장하거나 경계하는 의도를 전할 수 없다.

역사학도 역사성이 있다

'강목綱目'이란 무엇일까요? 사전의 풀이에 따르면 강綱은 벼리, 목目은 눈을 말합니다. 벼리는 그물의 중심을 잡아 주는 줄 또는 지지대를 가리키며, 눈은 그물눈을 말합니다. 그물눈은 벼리를 중심으로 짜이게 됩니다. 느낌이 오지요?

주자朱子는 사마광司馬光과 동일한 시기를 다루면서도 '강목체'라는 창의적 역사 기록 체제를 통해 『자치통감강목資治通鑑綱目』을 기획·편찬하였습니다. 『자치통감資治通鑑』은 황제의 명을 받아 편찬한 역사서인 데 비해, 『자치통감강목』은 주자가 기획하여 편찬한 개인 편찬물입니다. 『자치통감강목』이 완성되던 43세1172년까지 주자는 사록관祀祿官 도교 사원 관리인으로 있으면서 중앙 조정에서 여러 차례 불렀음에도 나아가지 않고 저술 작업을 계속하였습니다.

『자치통감강목』은 『자치통감』과 같은 편년체 사서史書이면서도 사실 기록의 형식에서 강과 목 그리고 사론史論으로 나뉘어 있습니다. 강은 간추린 핵심 내용 또는 해당 사실의 제목이라고 해도 좋을 것입니다. 목은 강의 원인과 결과 및 정황 설명이라 할 수 있습니다.

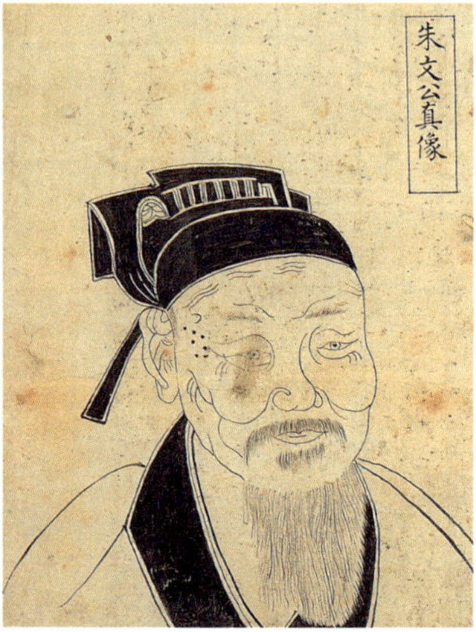

주문공 진상朱文公眞像

'무이구곡도武夷九曲圖'라는 그림 앞에 있는 주희朱熹의 초상입니다. 무이구곡은 중국 푸젠 성福建省에 있는 무이산 계곡의 아홉 굽이를 말합니다. 주자가 이곳에 무이정사武夷精舍를 짓고 강학講學하였기 때문에 조선 시대에는 그의 학행學行을 기려 무이구곡 관련 글을 짓고 그림을 그리는 것이 유행하였습니다. 주자는 성리학을 집대성하였을 뿐만 아니라 새로운 역사 기록 체제인 강목체를 고안하기도 하였습니다.

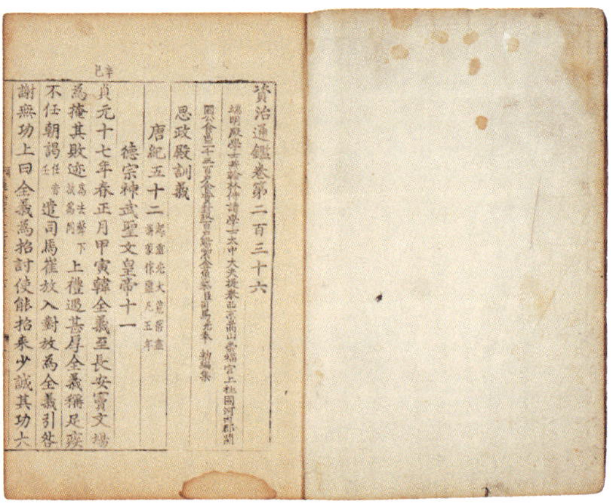
資治通鑑卷第二百三十六

思政殿訓義

唐紀五十二

德宗神武聖文皇帝十一

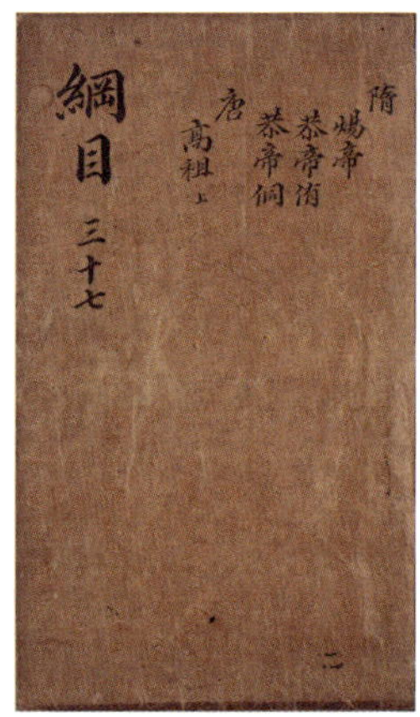

자치통감資治通鑑과 자치통감강목資治通鑑綱目

『자치통감』은 송나라 때 사마광이 영종의 명에 따라 펴낸 역사서입니다. 주나라 위열왕부터 후주後周 세종까지 113왕 1362년간의 역대 군신의 사적을 편년체로 엮었습니다. 『자치통감강목』은 주자가 『자치통감』을 강과 목으로 나누어 편집한 편년체 역사서입니다. 『자치통감강목』은 흔히 줄여서 『강목』이라고 합니다.

또 '강'에는 세년歲年 연호부터 시작하여 기사의 종류를 19가지로 나누어 싣고, 18범주의 범례를 통해 포폄褒貶 평가의 원칙을 밝혔습니다. 그리고 '목'에서는 『자치통감』을 비롯한 여러 역사서에 실린 사실을 기록하였지요. 이로써 강과 목, 범례와 본문 기사, 강목과 사론은 유기적 연관성을 가지게 되었으니, 『자치통감강목』은 사실대로의 기술과 역사적 평가라는 역사학의 과제에 대한 하나의 해결책을 제시하게 된 것이지요. 동시에 방대한 연대기를 일목요연하게 열람할 수 있는 편의성을 제공한 것도 『자치통감강목』의 주요한 성과입니다.

큰 글씨로 요점을 제시하였다. 큰 글씨에는 정례正例 일반적인 사례와 변례變例 변칙적인 사례가 있다. 정례는 시종始終·흥폐興廢·재상災祥 재해와 상서로운 조짐·연혁沿革 및 호령號令 법령 반포·정벌征伐·살생殺生·제배除拜 관리 임명와 같이 중요한 것이고, 변례는 이 밖의 훌륭하여 본받을 만한 일이나 좋지 않아 경계 삼을 만한 일을 특별히 기록한 것이다.

두 줄로 된 분주分註를 통하여 기사 내용을 갖추었다. 분주의 내용은 사건의 시작으로 거슬러 올라가 서술한 것도 있고, 사건이 결국 어떻게 마무리되었는지를 말한 것도 있다. 사건의 전개 과정을 상세히 진술한 것도 있고, 어떤 사람이 한 말을 빠짐없이 기록한 것도 있다. 시종에 따라서 드러낸 경우도 있고, 임명과 파면에 따라 드러낸 경우도 있다. 사태의 유형에 따라 드러낸 경우도 있고, 가문에 따라 드러낸 경우도 있다. 사마광이 한 말이나 선택한 논의도 있고,

호인胡寅이 모은 설說과 지은 평評도 있는데, 두 사람이 남긴 것이나 근세 큰 학자들이 절충한 말도 지금 많이 채록하여 그 사이에 첨부하였다.

『자치통감강목』「서례序例」

『자치통감강목』에 따라 「범례」를 만들다

우리가 살펴보고 있는 순암의 책 제목이 '동사강목'입니다. '동사'는 '동쪽 나라의 역사'라는 말입니다. 당시에는 명나라나 청나라를 '가운데 나라[中國]'로 보았기 때문에 조선은 '동쪽 나라[東國]'가 된 것이지요.

순암은 주자의 『자치통감강목』「범례凡例」에 따라 자신의 책도 '동사강목'으로 했다는 점을 분명히 밝혔습니다. 범례는 역사 편찬의 원칙과 기준을 말합니다. 주자가 상세한 「범례」를 통해 『자치통감강목』의 체제를 잡았듯이 순암도 「범례」를 통해 『동사강목』의 체제를 세웠습니다.

> 예전에 편찬된 책을 고찰하면 모두 의례義例 범례가 있으니, 마치 법률에 판결의 기준이 있고 예와 음악에 의식과 절차가 있는 것과 같다. 더구나 역사학 자료는 내용이 많고 복잡하다. 따라서 요지를 밝히고 범례를 세워 일관되게 따르지 않으면 저술의 취지를 밝힐 수 없고 권장하거나 경계하는 의도를 전할 수 없다. 그래서 주자가

『자치통감』에 내용을 덧붙이거나 줄여서 『자치통감강목』을 만든 후 「범례」 1권을 지어 책을 펼치면 사안에 대한 평가와 판단이 한눈에 환히 들어올 수 있게 하였다. 이 책이 나온 뒤로 역사서를 편찬하는 이들이 이를 기준으로 삼았으니, 『송원강목宋元綱目』과 같은 경우가 이에 해당된다.

『동사강목』 「범례」

순암이 『동사강목』 「범례」에서 한 말을 계속 보겠습니다.

주자는 공자를 배운 분이므로 큰 원칙과 기준은 『춘추』를 본보기로 삼았다. 다만 공자는 당대 사람으로 본국의 사실을 기록했기 때문에 직접적으로 서술하지 않은 사건이 많았지만 주자는 후세 사람으로 이전 시대의 역사를 편찬하였기 때문에 숨기는 말이 없었다. 이는 처지가 달랐기 때문이다.

『춘추』의 서술 방식은 훌륭하다고 표창하거나 잘못했다고 비판할 때에 같은 말을 써서 후대 사람들이 그 의미를 헤아릴 수 없는 경우가 있다. 반면에 『자치통감강목』은 모두 사실에 근거해 가감 없이 적어 장려하거나 경계하는 뜻을 분명히 보였으니, 이는 시대에 따라 서술 방식에서 중시하는 바가 달랐기 때문이다.

지금 이 책의 「범례」는 주자가 정한 규정을 모두 따랐다. 다만 『자치통감강목』은 중국을 중심으로 모든 나라를 포괄하여 더할 나위 없이 높은 위상을 가지고 있지만, 이 책은 우리나라의 역사를 기록한 것이라 지역은 한 모퉁이에 치우쳐 있고 예절과 상황이 달라, 어쩔 수 없이 형편에 맞게 「범례」를 세웠다. 이는 큰 나라와 작은 나라의 상황이 다르기 때문이니 보는 사람이 알아 두어야 할 것이다.

순암이 말한 「범례」는 모두 18조인데, 이는 주자의 「범례」와 정확히 일치합니다. 순암은 주자가 말한 '찬적'을 '찬시簒弑'로, '폐사廢徙'를 '폐사유수廢徙幽囚'로 바꾸었지만, 같은 의미입니다. 이제 「범례」 중 일부를 살펴보겠습니다.

세년歲年

세년은 2015년으로 표기할지, 을미년으로 표기할지와 같은 연도 표기 방식을 말합니다. 「범례」 세년 조항을 살펴보겠습니다.

○ 세년의 경우, 우리나라는 여러 대에 걸쳐 중국의 정삭正朔을 그대로 받아 썼으니, 중국의 연호로 표기하는 것이 옳을 듯하다. 그러나 『춘추』는 주周나라 왕실을 높이는 책이었는데도 노魯나라 역사를 기본으로 하였다 하여 노나라를 기준으로 연도를 표기하였다. 지금 이 책은 우리나라의 역사인 만큼 『춘추』의 예에 따라 우리나라를 기준으로 연도를 표기한다. |갑자甲子를 쓴 가로줄 위에 중국 연도를 따로 기록하여 비교로 삼았다. ○ 위·북조·요·금 같은 나라는 이미 계통을 이었으므로 그 연호年號를 쓰되 원년元年만 썼다. 이는 간략하게 하기 위해서이다.|

하나. 기씨箕氏가 정통으로 있는 세대에, 역년歷年과 세대를 상고할 수 없는 것은 특별히 가로줄 아래에 '조선' 두 글자를 써서 표시하였다. |마한도 같다.|

하나. 신라의 세 여성 군주는 모두 선대 임금의 명을 받아서 즉위하였으나 여자로 높은 군주의 자리를 차지했으므로 정통의 순서를 크게 범하였다. 『동국통감』에는 진성 여왕의 연호를 원래 자리에 쓰지 않고 분주에 기록하였는데, 여기서도 그대로 왕통王統을 범한 경우의 범례에 따라 처리하였다.

하나. 왕위를 찬탈한 군주 및 여성 군주는 모두 연도 표기 및 명호名號를 먹으로 칠하여 분수를 어기고 정통의 순서를 범한 죄를 지었음을 나타냈다.

조선이 달력은 중국 것을 썼지만 『춘추』가 노나라를 기년으로 한 것처럼 『동사강목』도 우리나라의 역사이므로 우리나라의 연도를 표기하겠다는 뜻입니다. 예를 들면 '기원후A.D. 10년'은 '경오년-신라 남해왕 7년·고구려 유리왕 29년·백제 시조 28년'이라는 형식으로 기록하겠다는 것이지요.

현대인들은 그레고리력Gregory曆인 '2015년'은 어색해하지 않으면서 동아시아 관습력慣習曆인 '만력萬曆 20년'을 쓴 것을 두고는 비웃거나 외면하곤 합니다. 지금 우리가 사용하는 그레고리력은 교황 그레고리우스 시대에 부활절의 날짜를 조정하기 위해 고친 역법曆法입니다. 만력은 명나라 신종의 연호이며, 만력 20년은 임진왜란이 일어

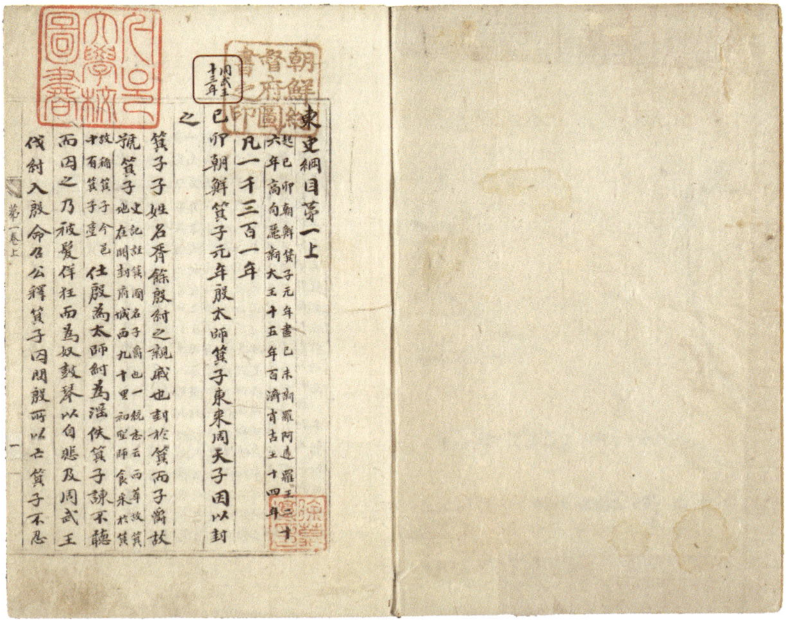

동사강목 제1상東史綱目 第一上
순암은 우리나라의 역사인 만큼 연도 표기를 우리나라 기년으로 한다고 하였습니다. 하지만 「제일상」에서 '기묘己卯' 위에 '주 무왕 13년周武王十三年'이라고 중국 연도도 기록한 것을 볼 수 있습니다.

난 선조 25년입니다. 그레고리력으로는 1592년이지요.

간단히 말하면 "남북한 사이의 전쟁인 6·25가 1950년에 일어났다."라는 진술과 "왜倭의 대규모 침략인 임진왜란이 만력 20년에 있었다."라는 진술은 시간 적용 기준에서 어느 것이 더 낫다고 할 수 없는 문장입니다. 둘 다 당시 세계에서 널리 통용된 방식을 따른 것인데도 그레고리력은 뭔가 보편적인 듯하고, 후자는 사대주의적이라는 인식을 하고 있지는 않나요?

순암은 세년을 우선 갑자甲子, 간지干支로 구분했습니다. 10간干과 12지支의 최소 공배수로 탄생한 60간지는 늘 60을 넘지 않지요. 60을 주기로 순환합니다. 셈을 하다가 10이 넘으면 다시 엄지부터 접으며 수를 세는 어린이들처럼 우리 조상은 연도를 순환하는 시간으로 파악하였습니다. 이 60간지는 연도의 셈법이기도 하였고, 인생의 순환 단위이기도 하였지요.

그런데 이 60간지에도 묘한 이중성이 있습니다. 우선, 말이 60간지일 뿐 각각의 간지는 '1 다음에 2, 2 다음에 3' 하는 식의 서수序數 관념보다는 독립된 연도의 의미를 띤다는 것입니다. '2015년'과 '2016년'의 연속성에 비하여 '갑오년'과 '을미년'의 연속성은 훨씬 떨어집니다. 이는 60간지의 순환을 한 번 끝내 놓고 보면 훨씬 분명해집니다. '병자년', '임진년'이 60년 뒤에 또 나오니까요.

명호名號

명호는 왕이나 나라를 부르는 호칭을 말합니다. 「범례」 중 명호 조항을 살펴보겠습니다.

○ 명호의 경우, 정통의 임금은 '왕王'이라 하고, 정통이 아닌 임금은 '아무 나라 왕[某國王]'이라고 하고, 작은 나라의 임금은 '아무 나라 군주[某國君]'라고 하고,|김수로 같은 경우| 도적은 '아무개[某]'라고 썼다.|견훤·궁예 같은 경우|

하나. 신라 초기에는 왕호王號가 일정하지 않아 거서간·차차웅·

이사금·마립간이라고 불렀는데, 최치원의 「연대력年代曆」에는 그것이 오랑캐 말임을 꺼려 글을 고쳐 썼고, 『동국통감』에서도 그대로 따라 썼다. 그러나 역사는 사실을 기록한 글이니 실제 사실에 따라 써야 한다. 여기서는 원래 기록을 따른다.|강에서는 본래 호칭에 따랐고, 목에서는 '왕'이라고 칭하였다.|

하나. 신라·고구려 초기에는 마한의 정통이 아직 남아 있었으므로 두 나라 모두 '군君'이라고 불렀다.|백제 역시 마한에게서 봉해졌으므로 주周나라 때 여러 나라의 사례에 따라 '군'이라고 칭하였다.|

하나. 여자로서 존귀한 군주의 지위에 있던 이는 '여성 군주[女主]'라고 하였다.|옛 역사에 따랐다.|

하나. 왕위를 잃은 이는 폐왕廢王이라고 하였다.|『고려사』에는 권세 있는 신하에게 폐위된 이를 모두 전왕前王이라 하였으나, 『강목』에 전제前帝라는 말이 없다는 이유로 임상덕이 폐왕이라 고쳤는데, 이제 그에 따랐다. ○ 임상덕이 말하였다. "고려 충선왕·충숙왕·충혜왕은 모두 원나라의 명으로 아버지가 살아 있을 때 왕위를 얻었으나 원나라가 도로 옥새를 거두고 부왕父王을 복위시키고 나서는 다른 위호位號가 없었으니 폐왕이라 하는 것이 마땅하다. 사람의 도리로 말하자면 아버지가 살아 있는데 아들을 전왕이라고 칭하는 것이 크게 온당치 못한 점이 있고, 왕위를 얻은 순서로 말하더라도 아버지가 아들보다 먼저였는데 자왕子王을 전왕이라 하는 것은 명분과 실질 모두에 맞지

않으므로 폐왕이라고 고쳐 썼다." 임상덕의 이 말은 바른 의리를 깊이 터득한 것이다.|

하나. 국호國號는 당시에 정한 칭호를 쓰기도 하였고,|이를테면 신라를 처음에는 사로斯盧로 일컫다가, 탈해왕 이후로 계림鷄林이라 부르다가, 지증왕 이후에야 신라로 확정한 것과 같은 것이다.| 그 본래의 호칭을 따르기도 하였다.|가락駕洛을 금관金官이라고 일컫지 않고, 백제를 남부여南扶餘라고 일컫지 않은 것이 이에 해당한다.|

하나. 중국의 정통 황제로 우리나라와 관련된 일이 있으면, 첫머리에 쓸 적에는 국호를 붙여 황제라 하고,|당 태종 같은 경우| 여러 번 쓸 때에는 제帝라고만 하였다.

○ 명나라가 개국한 뒤로 '대명태조고황제大明太祖高皇帝'라고 쓴 것은 특별한 사례이다.|명나라는 중화中華의 정통이고, 본조本朝가 높여 섬기는 것도 내지[內服]와 다름이 없었으니, 그 예가 또한 이와 같아야 한다.|

○ 중국의 정통이 없는 이는 모두 '아무개 군주[某主]'라고 일컬었다.

○ 수 양제隋煬帝·당 무후唐武后는 신新나라 왕망王莽의 예에 따라 본명을 그대로 썼다.|양광楊廣 수 양제의 이름과 무조武曌 당 무후의 이름는 강상綱常을 어지럽혀서 죄악이 하늘에까지 닿았으니, 누구에게나 반드시 죽여야 할 대상이다. 역사가의 붓은 역사적 사건을 평가해야 하는 법이니, 뒤에라도 그 죄를 바로잡아 본명을 그대로 써야지 당시 신하들이 하던 대로 제帝나 후后라고 일컬어서는 안 된다.|

먼저 신라의 거서간·차차웅·이사금·마립간 같은 칭호를 『동국통

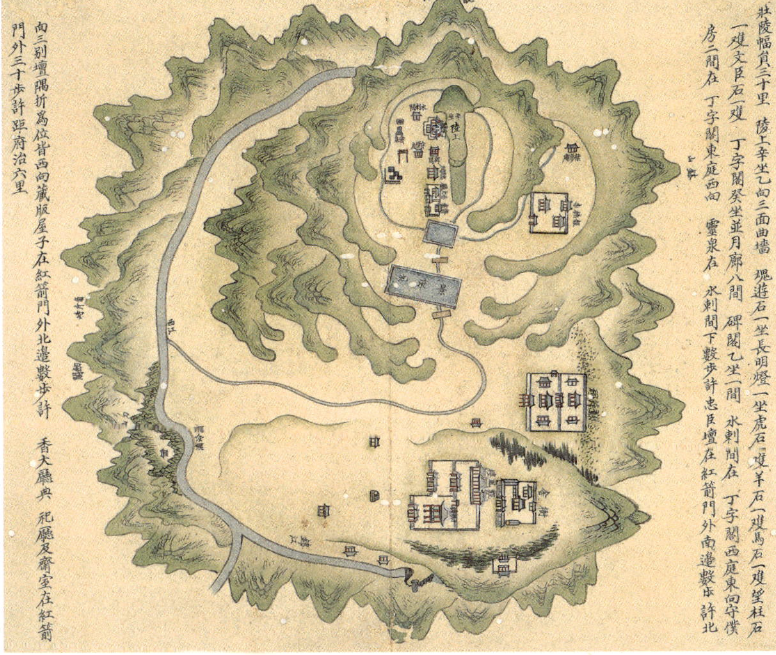

장릉도莊陵圖

19세기에 강원도 영월 지역을 그린 '월중도越中圖' 8폭 중 제1폭으로, 단종의 능인 장릉을 그린 것입니다. 단종은 세조에게 양위한 뒤에 상왕上王이 되었다가 서인으로 강등되어 죽임을 당하였습니다. 후일 숙종은 그를 다시 대군을 거쳐 왕으로 복권시켜 주었습니다. 결국 단종은 임금-상왕-군-서인-대군-임금으로 신분이 바뀌었습니다.

감』에서는 '오랑캐의 표현'이라 하여 바꾸었는데, 순암은 원래 명칭대로 쓴다고 했습니다. '오랑캐의 표현'이라는 말은 세련된 한문으로 바꾸어 쓰지 않아 촌스럽다는 뜻이겠지요. 그러나 순암은 '사실대로 적는 것'을 중시했습니다. 그래야 역사 사실이 보존되니까요.

순암이 '왕위를 잃은 이는 폐왕'이라고 하였는데, 이 점은 살펴볼

세조 어진世祖御眞

해인사에 소장되어 있는 세조의 초상화로, 불화佛畵 형식으로 그렸습니다. 세조는 세종 대왕과 소헌 왕후 사이에서 난 둘째 아들로 '수양 대군'이라 불렸습니다. 문종이 사망하자 어린 조카 단종을 무력으로 억압하여 선위禪位를 받아 임금이 되었습니다. '세조'는 묘호입니다.

필요가 있습니다. 한때 풀지 못한 수수께끼 같은 문제이기도 했습니다. 조선 역사에서 임금으로 있다가 쫓겨난 사람이 있었습니다. 누군지 아세요? 연산군·광해군? 또 있습니다. 네, 노산군魯山君입니다. 노산군이 작은아버지인 세조에 의해 폐위되었다가 다시 왕으로 복위되어 단종이라는 묘호廟號를 갖게 된 것은 숙종 때의 일입니다.

우리가 흔히 알고 있는 임금에 대한 명칭, 예를 들어 '세종', '효종' 하는 것은 죽은 뒤에 올리는 묘호입니다. 임금이 죽으면 종묘에서 제사를 드리는데, 종묘에 모신 위패位牌를 부르는 이름이 묘호입니다. 죽은 임금을 부르는 호칭으로 쓰는 것이지요. 그러니까 세종이나 효종이나 살아생전에는 세종, 효종이라는 이름이 없었습니다. 어떤 책에 '선조宣祖'라는 말이 있다면 그 책은 적어도 선조 이후에 나온 책이라 할 수 있습니다.

한편 '군君'이란 원래 왕자를 시칭하는 말입니다. 왕의 본처, 즉 왕비에게서 난 왕자를 '대군大君'이라 부르고, 후궁에게서 난 왕자를 '군'이라고 부릅니다. 수양 대군은 세종의 왕비 소헌 왕후昭憲王后 심씨의 둘째 아들이었으므로 즉위하기 전에는 '대군'이라고 불렀습니다. 광해군은 선조의 후궁인 공빈恭嬪 김씨의 아들이었으니 왕자였을 때 '군'이라고 불렀겠지요.

그런데 폐위된 뒤 강등된 연산군, 광해군, 노산군은 왜 '군'이라고 불렀을까요? 광해군은 공빈 김씨의 소생이었으므로 '군'이 되겠지만, 연산군이나 노산군은 왕비의 소생이므로 '군'이 아니라 '대군'이 되어야 맞지 않을까요? 폐왕에게 묘호를 올리지 않고 깎아내려 '노산군',

'연산군'이라고 한 것은 주자의 『자치통감강목』 「범례」를 근거로 한 것입니다. 바로 "왕의 자격이 없는데도 왕이라고 함부로 칭한 경우는 「범례」에 '아무개 군주 누구'라는 식으로 기록한다."라고 한 것을 따른 것이지요. 이는 폐위된 군주를 왕의 자격이 없는데도 왕을 참칭한 경우로 본 것이지요.

순암의 「범례」에서 눈여겨볼 부분이 있습니다. 「범례」에서는 정통성이 결여된 수 양제나 측천무후에 대해서는 양광이나 무조같이 이름을 바로 부르고 군주로 인정하지 않았습니다. 역사의 평가가 시퍼런 칼날과 같다는 느낌이 드는 대목입니다.

붕장崩葬

붕장은 어떤 대상의 죽음을 기록하는 방식에 대한 것입니다. 「범례」 붕장 조항을 살펴보겠습니다.

○ 붕장은 모두 『자치통감강목』 「범례」에 따랐다. 정통인 경우는 반드시 '훙薨하였다',|신하가 쓰는 표현이다.| '장사하였다[葬]'라고 썼으며, 정통이 아닌 경우에는 '훙하였다'라 쓰고 이름을 쓰되 '장사하였다'고는 쓰지 않았다. '장사하였다'고 쓴 경우는 변례이다.

○ 정통의 태후太后와 왕후는 '훙'과 '장'을 썼는데, 역사서에 기록이 없는 경우는 '훙'과 '장'을 쓰지 않았다.

○ 정통을 세운 상태에서 정통이 아닌 다른 나라의 왕과 비는 모두 '졸卒하였다'고 썼다.|고구려 주몽 및 송씨松氏의 경우|

○ 여성 군주는 '여성 군주 아무개[女主某]가 졸하였다.'고 썼다. |여자가 존귀한 자리를 차지하여 음陰으로서 양陽의 위치에 선 것은 정통을 심하게 범한 것이다. 정통의 임금과 동일한 예로 칭할 수 없으므로 '졸하였다'고 썼다.|

하나. 왕후의 '훙'과 '졸'은 모두 그 임금의 예에 따랐으니, '죽었다[死]'고 쓴 것은 변례이다. 고구려의 우씨于氏와 고려의 천추 태후 같은 이에 대해서는 『동국통감』에서 상세히 논하였다. 임상덕의 설에는|고려 현종 20년에 있다.| 그렇지 않은 것이 있으니, 후세의 역사가가 역사를 서술하면서 어찌 당시 신하들이 부르던 칭호를 따를 수 있겠는가?

하나. 직접 찬역簒逆과 시해를 행한 사람이 자손에게 통서統緖 왕위를 전했을 때, 『자치통감강목』에서는 모두 상례常例에 따랐다. 그러나 후세의 역사 기록에서는 폄하貶下하지 않을 수 없으므로 정통이면 '아무개가 왕위를 찬탈하였다.[某簒位]' 하였고,|신라 선덕왕·헌덕왕과 고려 숙종 같은 경우| 정통이 아니면 '아무개가 찬탈하여 즉위하였다.[某簒立]'고 하였다. '죽었다[死]'로 쓰고, '장사하였다[葬]'라고는 쓰지 않았으며,|신라 눌지왕, 고구려 차대왕, 백제의 고이왕의 경우| 그 이름과 시호諡號는 먹칠하고 음각陰刻하였다.|어떤 사람은 "제왕帝王의 이름은 중대한 것이어서 시대가 다르다 해도 깎아내려서는 안 된다."라고 한다. 나는 이렇게 생각한다. "『춘추』에 왕이라 하고 천자라 하지 않았으니 당시에도 이미 폄하하는 표현을 썼고, 『자치통감강목』

선덕여왕릉善德女王陵
선덕여왕은 성골聖骨만 왕위를 계승하는 전통 속에서 진평왕이 아들 없이 죽자 우리나라 역사상 첫 여성 군주가 되었습니다. 순암은 여성이 임금이 된 것은 정통을 심하게 범한 것으로 보아 여성 군주가 세상을 떠났을 때 남성 군주와 똑같이 '훙'이라 쓰지 않고 '졸'이라고 썼습니다.

에도 제선帝禪이라 칭하였으니 이름자를 바로 부르는 일을 꺼리지 않았다. 후세의 사관이 신하도 아닌데 이름자를 그대로 쓰지 못하고 높여 써야 할 의리가 어디 있겠는가? 만일 누군가의 말대로라면 군주가 어찌 역사가의 붓을 두려워하겠는가? 하물며 찬역은 큰 악행이라 만세의 군주들이 몹시 미워해 반드시 죽이려는 일이다. 맹자는 주왕紂王을 '한 명의 사내[獨夫]'라고 일컬었는데, 주왕은 존귀한 천자가 아니었던가?" |

여성 군주가 죽었을 때 '훙'이라 하지 않고 '졸'이라고 하였으므로

순암이 여성 군주를 낮추는 데 대해 불만을 갖는 분도 있겠지만, 이는 당시 음양 사상에서 볼 때 여자와 남자를 땅과 하늘에 비유하며 분별한 데서 비롯된 일입니다. 이때 음양은 선악이나 귀천이 나뉘는 것이라기보다는 역할의 차이로 이해할 수 있을 것입니다.

인사人事

인사는 사람의 행적을 기록하는 방식에 대한 것입니다. 「범례」 인사 조항 기록을 살펴보겠습니다.

> 인사의 모든 예例는 다 『자치통감강목』 「범례」를 따랐다. 재상이 죽었을 때는 모두 '졸하였다[卒]'거나 '죽었다[死]'고 기록해야 하지만, 말세에는 재상이 너무 많아 다 쓸 수 없으므로 훌륭한 행적이 있는 경우는 '졸하였다'고 쓰고, 그 나머지는 많이 생략하였다.
>
> ○ 피살되었는데도 '졸하였다'고 쓴 것은 변례이다.|정몽주의 경우|
>
> 하나. 신라의 풍속은 성姓이 없으므로|『당서唐書』에 "신라 사람은 성이 없다."라고 하였다.| 재상과 다른 신하들에 대해 이름만 부르고 성은 밝히지 않아서 지금 상고할 수 없다. 상고할 수 있는 경우에는 성을 썼다.
>
> 하나. 본래의 예에서 관직과 시호를 쓴 것은 그들을 훌륭하게 여긴다는 의미인데, 관직과 시호를 상고할 수 없는 사람은 생략하였다.
>
> 하나. 절의를 지키다 죽은 현신賢臣에 대해 후대에 추증追贈한 시

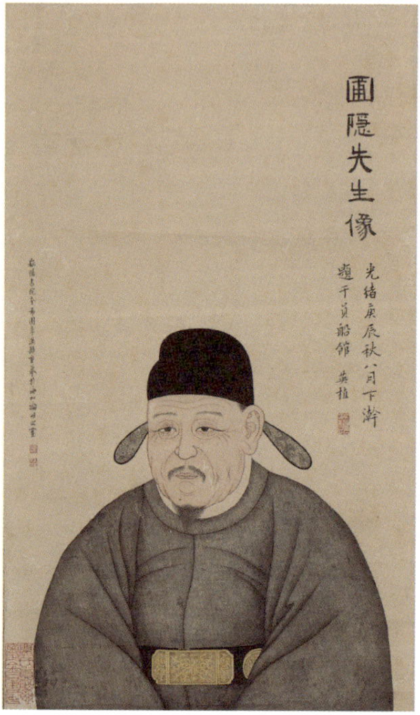

정몽주 초상鄭夢周肖像

성리학 진흥의 기초를 닦았고 고려를 끝까지 받들다가 이방원 일파에게 피살된 정몽주의 초상화입니다. 순암은 정몽주가 피살되었는데도 '졸하였다'고 쓴 것은 변례라고 하였고, 뒷날 정몽주에게 추증한 시호를 쓰지 않은 까닭은 그가 두 왕조를 섬기지 않았던 것을 밝히기 위해서였다고 하였습니다.

이색 초상李穡肖像

포은圃隱 정몽주, 야은冶隱 길재吉再와 함께 고려 말 삼은三隱의 한 사람으로 유명한 목은牧隱 이색의 초상화입니다. 순암은 이색과 같은 현신의 사망을 기록한 다음에 그와 관계된 사적이나 언행 등을 수록하였습니다.

호를 쓰지 않은 것은 그가 두 왕조를 섬기지 않았던 본의를 밝히려 한 것이다. |정몽주의 경우|

하나. 현신은 '졸하였다'고 쓴 곳 아래에 사적의 본말本末과 관향貫鄕·세계世系를 수록하고, 존경할 만한 언행은 간략하게라

도 반드시 적되, 앞에서 이미 기록된 행적은 다시 기록하지 않았다. 소인小人 또한 그의 행적을 밝혀 반면교사가 되게 하였다.|국가의 흥망과 관련이 깊은 행적은 널리 수집하여 기사가 많아도 다 적었다. 김유신金庾信·서희徐熙·윤관尹瓘·조충趙冲·김취려金就礪·김방경金方慶과 세 원수元帥 및 이색·정몽주의 경우이다. 문장 짓기에만 힘썼던 사람은 대개만 간략하게 적었으니, 이규보李奎報가 그 경우이다.|

하나. 고려 왕자의 졸卒은 한漢나라 때 왕들의 사례에 따라 상고할 만한 것은 썼다.

하나. 절의를 기려서 장려하는 것이 역사가의 가장 중요한 도리인데, 삼국 이전의 일에 대해서는 여러 역사서에서 빠뜨린 것이 많다. 이제 이를 모두 드러내었다.|마한의 주근周勤과 위만조선의 성기成己, 백제의 옹산성甕山城 장수 지수신遲受信의 경우|

하나. 속세를 떠나 초연하여 유학의 도道의 기치를 세운 인물은 널리 찾아서 더욱 자세하게 적었다. 한유한韓惟漢·이자현李資玄·안유安裕·우탁禹倬 같은 경우이다.|곽여郭輿를 옛 사서에는 처사處士라고 썼는데, 이제 그것을 삭제하였다. ○『고려사』에는 은일전隱逸傳을 두지 않아 한 시대의 숨어 살던 사람들에 대한 기록이 대부분 사라지게 만들었으니, 애석하다.|

하나.『자치통감강목』의 필법에는 도적을 '죽었다[死]'고 쓰고 찬적의 신하도 '죽었다'고 썼으니, 적신賊臣을 엄하게 성토하기 위한 것이다.|신라 말 왕융王隆을 '죽었다'고 쓴 것은 범증范增·

양웅揚雄의 예를 따른 것이다.| 찬역을 범한 자는 후대에 공적을 남겼더라도 모두 관직을 삭제하고 '죽었다'고 썼다.|고구려 명림답부明臨答夫의 경우| 난신亂臣|고구려 연개소문淵蓋蘇文과 고려 이자겸李資謙·최충헌崔忠獻·최이崔怡·최항崔沆·임연林衍의 경우|과 흉얼凶孽|심양왕瀋陽王 고暠 같은 반역자나 간신 경우|, 임금을 배반하고 나라를 팔아먹은 역적 가운데 하늘과 땅 사이에 용납할 곳이 없는데도 천벌을 받지 않고 편히 살다가 늙어 죽은 자가 매우 많다. 이들에 대해서도 모두 '죽었다'고 썼다. 폐행嬖幸 총애를 받아 권력을 잡은 신하이나 정사를 어지럽힌 신하의 경우 관직을 갖추어 쓰고서 '죽었다'고 썼다.|관직을 갖추어 쓴 이유는 당시 임금이 총애한 잘못을 나타내기 위한 것이고, '죽었다'고 쓴 이유는 그 사람이 정사를 어지럽힌 죄를 주벌誅罰하기 위한 것인데, 옛 역사서에 이런 예가 많아 지금 이를 따른다. 임상덕의 말이 꼭 타당한 것 같지는 않다. 그는 "옛 사서에는 그 사람을 밉게 여기면 흔히 '죽었다'고 썼으니, 이는 원칙을 적용하는 기준이 일정치 않은 것이며, 반신反臣·적자賊子에게 또한 죄줄 방법이 없게 되는 것이다. 이제 이 책에서 이런 무리가 졸卒한 경우 대부분 생략하되, 부득이한 경우에는 '졸하였다'고 쓰고 관직을 삭제하였다."라고 하였는데, 여기서는 이를 따르지 않는다.|

실록을 보면, 국왕이 죽으면 '훙薨', 높은 신하가 죽으면 '졸卒'이라고 쓰는데, 바로 여기에 연원이 있었던 것입니다. 또한 역적이나 난신에 대해서는 '사死'라고 썼던 것도 모두 의미가 있었던 셈입니다.

「범례」에는 이 밖에 즉위卽位, 개원改元, 존립尊立, 찬시簒弒, 폐사유수廢徙幽囚, 제사祭祀, 행행行幸, 은택恩澤, 폐출廢黜, 재상災祥이 있습니다. 모두 내용이 짧으니 『동사강목』 원전에서 각자 찾아서 읽어 보시기 바랍니다. 이제 『동사강목』의 이모저모를 하나씩 살펴보겠습니다.

제2부

『동사강목』으로 다시 보는 우리 역사

제1장

민족

단군이 처음 등장했을 때 분명 그에게 신성한 덕이 있었기 때문에 사람들이 좇아서 임금으로 삼았을 것이다。 예전에 신성한 이가 태어날 적에는 워낙 남들과 다른 데가 있긴 했지만、 어찌 이처럼 심하게 이치에 맞지 않는 일이 있었겠는가?

이 땅의 역사, 기자 조선

『동사강목』은 '동쪽 나라의 역사'라는 뜻입니다. 동쪽 나라는 바로 순암이 살던 조선입니다. 순암은 고대부터 조선까지의 '국사'를 편찬하고자 했습니다. 근대에는 '민족nation'이라고 부르는 것을 순암은 '동국東國', '아국我國'이라고 표현했습니다. 『동사강목』「범례」의 통계統系 조항을 보면 순암의 구도가 선명합니다. '통계'란 '정통의 순서', '정통의 계통'을 의미합니다.

> 통계는 역사가가 책에서 가장 중요하게 다루어야 할 원칙인데, 『동국통감』은 단군檀君과 기자箕子의 역사적 행적을 따로 떼어 외기外紀에 두었으니, 그 원칙이 잘못된 것이다. 여기서는 정통이 기자로부터 시작되는 것으로 하되, 단군의 사적을 기자가 동쪽으로 왔다는 내용 뒤에 붙여서, 『자치통감강목』 맨 앞 편의 삼진三晉의 예를 본뜬다.|단군이 먼저 나와 나라를 다스리고, 기자가 처음으로 문물을 흥성하게 하였으니, 각각 1천여 년 동안의 신묘하고 성스러운 정치가 사라져서는 안 되는데, 『동국통감』에서 "역사서에 전하지 않아 외기에 편집해 실었

다."고 하였다. 외기라는 명칭은 유서劉恕에게서 비롯되었다. 유서가 사마광과 함께 『자치통감』을 편수하고 다시 고대 이후의 사적을 채택하여 『통감외기通鑑外紀』를 지을 때 전기傳紀에 뒤섞여 나오는 것을 취사선택하지 않고 써 놓았다. 예를 들면 여와씨女媧氏 중국 상고의 황제로 복희씨伏羲氏의 누이동생가 하늘을 기웠다느니, 예羿 요 임금 때의 활 잘 쏘는 사람가 10개의 해 중에서 9개를 활로 쏘아 떨어뜨렸다느니 하는 것이 그러한 경우이다. 그러므로 외기라고 이름하였다. 단군과 기자에 관한 사실이 비록 사라지기는 하였으나, 어찌 이런 경우와 동일하게 다룰 수 있겠는가?

기자는 폭군의 대명사처럼 불리는 은殷나라 주왕紂王의 숙부였습니다. 기자는 주왕의 잘못된 정치를 비판했으나 주왕이 듣지 않자, 거짓으로 미치광이 행세를 하여 노예가 되었습니다. 주 무왕周武王이 은나라를 멸망시키고 천자가 된 다음 기자에게 찾아가 천하를 다스리는 방법을 물으니, 기자가 홍범구주洪範九疇를 가르쳐 주었는데, 이것이 바로 『서경書經』의 「홍범」편이라고 합니다. 그 후 주 무왕이 기자를 조선에 봉했고, 기자는 평양平壤에 도읍을 정했습니다.

한때 한국 사학계에서는 단군 조선만 인정하고, 기자 조선은 인정하지 않았던 적이 있습니다. 기자가 중국에서 온 사람이기 때문이었습니다. 하지만 순암은 이와 달리 기자의 고사를 역사적 사실로 인정하였습니다. 순암은 편협한 민족주의적 태도를 갖지 않았던 것입니다.

특히 순암은 『동국통감』에서 단군 조선을 외기로 편집한 데 대해서도 비판적인 견해를 내놓았습니다. 외기에는 전설이나 신화 성격의 이야기를 싣는데, 단군은 나라를 맨 처음으로 다스렸고, 기자는 문명을 일으켰는데도 외기에 편집해 싣는 것은 적절하지 않다는 것이었습니다. 순암은 "동국은 역대로 중국과 상통하였으므로 중국 문적도 참고하여 간추렸다."라고 하면서, 단군과 기자의 부족한 사료는 "고기古記 및 중국 역사서의 여기저기에서 따다가 만들었다."라고 하였습니다.

그럼 기자 조선의 원년주 무왕13 기사를 보겠습니다.

강 기묘년(기원전1122)|조선 기자 원년| 은나라 태사太師 기자가 동쪽으로 오니, 주周나라 천자가 그대로 그곳에 봉하였다.

목 기자는 성이 자子이고 이름이 서여胥餘이며, 은나라 주왕의 친척인데 기箕에 봉해지고 자子의 작위를 받았으므로 '기자'라고 부른다.|『사기』 주에 "기는 나라 이름이고 자는 작호이다." 하였고, 『일통지一統志』에 "서화西華는 옛 기 땅이며, 개봉부성開封府城 서쪽 90리에 있다. 예전에 성사聖師가 기를 식읍食邑으로 하였으므로 그를 기자라고 부르며, 지금 읍내에 기자대箕子臺가 있다." 하였다.|

기자가 은나라에서 벼슬하여 태사로 있을 적에 주왕이 음란하고 방탕한 짓을 하여 이에 대해 간언하였으나 주왕이 듣지 않고 가두어 버렸다. 기자가 머리를 풀어 헤치고 미친 체하다가 노예가 되어 거문고를 타며 스스로 비통해하였다. 주 무왕이 주왕을 토벌하고 은나라에 들어와서 소공召公에게 명하여 갇혀 있는 기자를 풀어 주게 하였다. 그리고 주 무왕이 은나라가 망한 까닭을 물었으나 기자가 차마 말하지 못하였다. 주 무왕이 이어서 하늘의 도리를 묻자

기자는 홍범구주를 진달하였다.|『사기』와 『서경』에 보인다.| 기자가 주 무왕에 의하여 풀려난 것을 견디지 못하고 조선으로 달아나자, 주 무왕이 소식을 듣고서 그에게 조선을 봉해 주었으나|『상서대전尙書大傳』「홍범」에 보인다.| 신하로 삼지는 않았다.|『사기』에 보인다.|

○ 동방에는 당초 군주가 없었는데, 신령스런 사람이 태백산太白山 단목檀木 아래에 내려오자 백성이 그를 추대하여 임금으로 삼았다. 이 사람이 단군이다. "이름은 왕검王儉, 국호는 조선朝鮮이라 하였으니, 바로 요堯 임금 25년 무진년이다."라고도 전한다.

안 동방의 옛 기록 등에 적힌 단군에 관한 이야기는 모두 허황하여 이치에 안 맞는다. 단군이 처음 등장했을 때 분명 그에게 신성한 덕이 있었기 때문에 사람들이 좇아서 임금으로 삼았을 것이다. 예전에 신성한 이가 태어날 적에는 워낙 남들과 다른 데가 있긴 했지만, 어찌 이처럼 심하게 이치에 안 맞는 일이 있었겠는가? 고기에 나오는 '환인제석桓因帝釋'이라는 칭호는 『법화경法華經』에서 나왔고, 그 밖의 칭호도 다 불가佛家의 말이다. 신라·고려 때에 불교를 숭상하였으므로 폐해가 이렇게까지 된 것이다.

우리나라가 여러 차례 전쟁을 겪으면서 보관하던 국사國史가 전부 사라져 남은 것이 없었는데, 승려가 기록해 둔 것이 바위 굴에 보존되어 전해졌다. 후세에 역사를 기록하는 이들이 적을 만한 것이 없어서 답답하던 차에 이를 정사正史에 엮어 넣는 경우도 있었다. 세대가 오래될수록 그 이야기가 사실로 굳어져서 어질고 현명한 사람들이 사는 이 나라가 괴이한 이야기나 하는 곳이 되어 버렸으니, 참으로 통탄할 일이다. 내가 이처럼 이치에 맞지 않는 이야기를 일절 취하지 않는 것은 그릇된 것을 답습해 온 고루한 습관을 씻어 버리고자 해서이다.

선왕先王이 예禮를 제정할 때 사전祀典 제사 지내는 예의에 관한 법도을 가장 엄격하게 하였다. 지금 문화현文化縣 구월산九月山에 삼성사三聖祠가 있어 고려 때부터 우리 조선에까지 환인桓因·환웅桓雄·단군을 제사 지내는데, 단군을 제사 지내는 것이야 당연하지만, 환인·환웅에 대해서는 중단하는 것이 옳다. '마땅히 제사 지내야 할 귀신이 아닌데 제사 지낸다.'라는 것이 바로 이런 경우이다.

목 백성들을 가르쳐 머리를 땋고 머리를 가리게 한 풍속이나, 군신·남녀·음식·거처의 제도가 이때부터 시작되었다. 처음에 기주冀州 동북 땅에 동이東夷가 살았는데, 요 임금의 덕을 널리 입어 모두 귀화하여 그들의 가죽옷을 공물로 바쳤다. 순舜 임금이 섭정할 때에 유주幽州·영주營州 두 고을을 설치하고 여러 오랑캐를 그곳에 매어 두어 종속시켰다.

안 요遼 땅은 예전에 본디 동이의 땅이었다. 우禹의 자취가 우갈석右碣石까지 미쳐서 "도이島夷는 가죽옷을 입는다."라고 하였는데, 도이는 우리 동방을 가리킨다. 우리 동방의 지형은 삼면이 바다로 막혀서 그 형상이 섬과 같았다. 그래서 『한서』에 "조선은 해중海中에

기자묘箕子墓

평양에 있는 기자의 묘를 20세기 초에 촬영한 사진입니다. '기자릉'이라 쓴 묘지가 서 있습니다. 조선 시대에는 기자의 묘라고 믿었으나 사실이 아닙니다. 순암은 명백한 역사 사실이라고 여겼던 기자에서부터 『동사강목』을 시작하였습니다.

있는 월越의 형상이다."라고 하였다. 요순堯舜 때에 덕을 통한 교화가 점점 퍼지자 귀화하는 동이가 더욱 많아졌으므로 기주 동북의 땅을 유주로 만들었는데 지금의 요하遼河 서쪽이 그곳이고, 청주青州 동북 바다 너머의 땅을 영주로 만들었는데 지금의 요하 동쪽이 그곳이다. 성인의 정치는 덕을 쌓는 데 힘썼지, 땅을 넓히는 데에 힘쓰지 않았다. 이는 후세에 통제하되 자치를 허용한 지역을 두었던 것처럼, 동이와 맥을 매어 두고자 해서였을 것이다.

『동사강목』 제1상

순암은 기자에서부터 『동사강목』을 시작하였습니다. 시대가 앞서는 단군부터 시작하지 않았습니다. 왜 그랬을까요? 순암은 합리적인 역사학자였기 때문에 역사적으로 명백한 사실에서 출발하였습니다. 강에는 기자에 대한 사실을 기술하고, 단군에 대한 기록 가운데 전해오기는 하지만 사실을 확인할 수 없는 내용은 목目에 수록하는 방식을 취하였습니다. 이어 단군에 대한 기록 가운데 사실인 내용은 다시 강綱에 수록하였습니다. 물론 이 경우에도 상식적으로 이치에 맞지 않는다고 생각하면 '안按'이라는 역사 평론 방식으로 자신의 견해를 언급했습니다.

단군 조선에 대한 인식

목 하夏나라 우禹 임금이 즉위하여 제후들과 도산塗山에서 회맹會盟할 때 단군이 아들 부루夫婁를 보내어 들어가 조회하게 하였다. 상商나라 왕 무정武丁 8년 갑자년에 이르러 아사달阿斯達에 들어가 신神이 되었는데, 재위 기간은 1천 17년이고 나이는 1천 48세였다고 한다.

최부는 다음과 같이 말하였다.

"요 임금의 나라인 당唐과 순 임금의 나라인 우虞부터 하나라·상나라에 이르는 동안에 세상이 점점 각박해져서 군주가 재위한 기간이 길어야 5, 60년에 지나지 않았는데, 어떻게 단군만 1천 48세를 살면서 한 나라를 다스릴 수 있었겠는가? 그 이야기가 거짓임을 알 수 있다. 선배의 말에 '왕위를 전하여 나라가 유지된 기간'이라고 했는데, 그 말이 그럴듯하다. 근세에 권근權近이 중국에 조회하러 갔을 적에 명 태조가 '단군'을 제목으로 하여 시를 짓게 하자, 권근이 '몇 대였는지 모르겠으나 지낸 햇수는 천 년이 넘는다.[傳世不知幾 歷年曾過千]'고 하였는데, 그때의 여론이 권근의 말을 옳다고 하였다."

『동사강목』 제1상

단군이 "재위 기간은 1천 17년이고 나이는 1천 48세였다."라는 데 대해서 순암은 신뢰하지 않았습니다. 당연한 일입니다. 어떻게 사람이 1천 48세까지 살 수 있겠습니까? 이렇게 여기는 것이 유가의 합리적 사고라고 할 수 있습니다.

공자는 괴력난신怪力亂神에 대해 언급하지 않았다고 합니다. '괴'는 기괴한 일이고, '력'은 차력借力처럼 초인적인 힘이며, '난'은 난세에서 일어날 법한 현상이고, '신'은 초자연적인 신비로운 일입니다. 흔히 유가의 합리적 사유, 즉 사람의 상식으로 이해할 수 있는 범위에서 사유하는 태도를 강조할 때 흔히 인용되는 공자의 모습입니다.

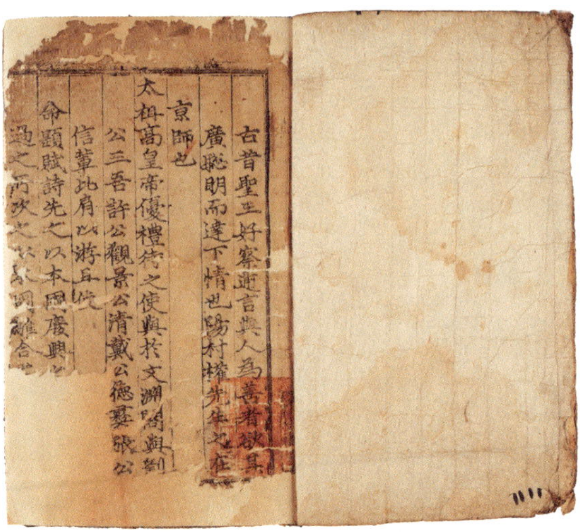

응제시주應製詩註
1396년(태조5)에 권근이 명나라에 사신 갔을 적에 명 태조의 명을 받고 지은 시에 주석을 붙여 간행한 책입니다. 손자 권람權擥이 1462년(세조8)에 주석을 붙여 간행하였습니다. 이때 권근은 24수를 지었는데, 그중 하나가 '단군'이라는 제목의 시입니다.

물론 시대가 변함에 따라 자연에 대한 지식이 쌓여, 전에는 초자연적인 일이었던 것도 후세에는 과학으로 설명할 수 있는 현상이 되기도 합니다. 그러므로 '괴력난신'의 범위도 시대에 따라 달라지기도 합니다. 그러나 사람이 1천 48세를 살았다는 것은 여전히 상식 밖의 일이라고 할 수 있습니다. 순암도 그렇게 생각하였기에 『동국통감』에 실린 최부의 평론을 가져와 '단군 한 사람이 살았던 햇수'가 아니라, '왕위를 전하여 나라가 유지된 기간'으로 보아야 한다는 해석을 채택한 것입니다. 이게 훨씬 합리적이지 않나요?

그런데 순암에게 아쉬운 점이 있습니다. 역사적 사실로 판단되지 않더라도 역사적으로 의미가 있는 전설이나 신화는 수록하는 것이 좋지 않았을까 하는 점입니다. 다음은 우리가 잘 알고 있는 단군 신화 기록입니다.

> 『위서魏書』에 다음과 같이 말하였다.
>
> "지금으로부터 2천 년 전에 단군왕검이 아사달阿斯達에 도읍을 정하고 새로 나라를 세워 조선이라 불렀는데, 요 임금 때와 같은 때였다고 한다."
>
> 고기에는 다음과 같이 전한다.
>
> "옛날에 환인의 아들 환웅이 있었는데 인간 세상에 자꾸 마음을 두었다. 아버지가 이를 알고 태백산 세 봉우리를 내려다보니 인간 세계를 널리 이롭게 할 만했다. 이에 천부인天符印 세 개를 주어 내려가 다스리게 했다. 환웅은 무리 3천 명을 거느리고 태백산 꼭대기

에 있는 신단수神檀樹 아래로 내려와서 이곳을 신시神市라고 불렀다. 그가 바로 환웅 천왕이다.

그는 풍백風伯, 우사雨師, 운사雲師를 거느리고 곡식, 목숨, 질병, 형벌, 선악 등 인간의 360여 가지 일을 주관하여 세상을 다스렸다.

이때 곰 한 마리와 호랑이 한 마리가 같은 동굴에서 살았는데, 늘 환웅에게 사람이 되게 해 달라고 빌었다. 때마침 환웅이 영험한 쑥 한 묶음과 마늘 스무 개를 주면서 말하였다.

'너희가 이것을 먹고 백 일 동안 햇빛을 보지 않으면 사람이 될 것이다.'

곰과 호랑이는 이것을 받아먹었다. 곰은 금기를 잘 지켜 21일 만에 여자가 되었으나, 호랑이는 약속을 지키지 못해 사람이 되지 못하였다.

여자가 된 곰이 혼인할 상대가 없어 신단수 아래에서 아이 갖기를 빌자, 환웅이 잠시 인간으로 변하여 결혼하였다. 그 후 임신하여 낳은 아들을 단군왕검이라 이름하였다.

단군왕검은 요 임금이 왕위에 오른 뒤 50년 되는 경인년에 평양성에 도읍하고, 나라 이름을 조선이라 하였다. 그 후 도읍을 백악산 아사달로 옮겼다. 그는 1천 5백 년 동안 여기에서 나라를 다스렸다. 주 무왕이 왕위에 오른 을묘년에 기자를 조선에 봉하였다. 단군은 장당경藏唐京으로 갔다가 다시 돌아와 아사달에 숨어서 산신이 되었다. 나이가 1천 9백 8세였다고 한다."

『삼국유사三國遺事』「기이紀異」

얼마 전 어떤 모임에 갔다가 단군은 신화가 아니라 실제 역사라고 주장하면서, 그렇기 때문에 정식 교과 내용에 넣어 가르쳐야 한다는 말을 들었습니다. 단군 이야기에는 신화와 역사가 함께 들어 있으므로 신화인지 역사인지 판단하기가 쉽지 않습니다. 그러나 신화와 역사를 우열을 나누어 논하는 방식에는 동의하기 어렵습니다.

신화와 역사 사이에 우열이 있을까요? 그렇게 보기 어렵습니다. 신화 역시 인간에게 꿈과 염원, 상상력의 원형을 보여 줍니다. 그리스 로마 신화가 아직도 인간에게 얼마나 많은 감흥과 상상력을 불러일으키고 있는지를 생각하면 쉽게 이해할 수 있습니다.

더구나 고대인들은 고기를 많이 잡는 단순한 상상부터 소원이나 염원, 미래에 대한 꿈을 이러저러한 이야기에 담아 전해 주었습니다. 앞서 본 『삼국유사』 기록에는 바로 그런 이야기가 수록되어 있습니다. 단순히 꾸며 낸 이야기가 아니라는 말입니다. 황당한 내용의 기록일지라도 거기에서 전하는 메시지를 읽어 내는 것이 학문의 몫이 아닌가 생각합니다. 역사에서 말하는 '사료史料'의 개념을 좀 더 확장하여 생각할 때 인간의 살아 숨 쉬는 생생한 역사를 만날 수 있지 않을까요?

순암은 『동사강목』에서 곰 신화를 빼놓았지만, 곰 신화는 얼마든지 '역사학에 의해, 인류학에 의해' 해석될 수 있습니다. 알타미라 동굴 벽화에 대해 들어본 적이 있으시지요? 현생 인류라고 불리는 크로마뇽인의 작품입니다.

그중 하나인 몬테스판 동굴에서는 1923년에 흥미로운 것이 발견되었습니다. 깊은 동굴을 따라가다 보면 넓은 방이 나오는데, 손전등으로 비춰 보니까 작은 산 같은 것이 있더랍니다. 자세히 보니 곰 모양을 하고 있었습니다. 그 곰에는 화살 자국이 남아 있었습니다. 누군가 곰에게 화살을 쏘는 의식을 행했던 것입니다.

일본 홋카이도와 사할린에 사는 아이누 족은 엄숙한 분위기에서 소중하게 사육해 온 곰에게 의례용 화살을 퍼부어 죽이는 의식을 거행합니다. 당시에 인류가 곰이라는 동물에 대해 어떤 생각을 품었는지는 알려진 바가 없습니다. 하지만 곰과 동굴만으로도 단군 신화와 어떤 연관이 있다는 생각이 들기도 합니다.

아메리카 인디언 쿠리 족의 이야기를 소개하겠습니다.

동부 쿠리 족의 한 여성이 겨울 사냥을 위한 가족용 오두막 밖에서 땅바닥에 앉아 있었다. 그녀의 무릎 위에는 검은 곰의 작은 두개골이 놓여 있었다. 그녀는 오른손 엄지손가락에 빨간 안료를 잔뜩 묻혀 곰 두개골의 정수리 위로 굵은 선 두 줄을 똑바로 그렸다.

"이것으로 이제 너는 진정으로 훌륭한 사나이가 되었어."

그녀는 해골에게 말을 걸듯 나지막이 중얼거렸다.

"부디 남편에게 좋은 꿈을 가져다주어야 해."

(중략)

그녀는 그것을 남편에게 건네주며 말했다.

"다 됐어요."

남자는 자작나무 껍질로 만든 컵으로 따뜻하게 데워 놓은 곰의 기름을 떠서 곰에게 부디 좋은 꿈을 꾸게 해 달라고 빈 후에 잠자리에 하얗고 부드러운 기름을 발랐다. 남자는 그 상태에서 잠시 기도를 했다. 사냥에 대해, 꿈에 대해 생각하고 있는 듯했다.

아이누 족은 지금도 곰의 넋 보내기 의식인 '이오만테'를 행하여 곰의 두개골을 이런 식으로 예쁘게 화장해서 영혼의 세계로 돌려보낸다고 합니다. 화장을 해 주는 것은 곰이 영혼의 세계로 돌아간 뒤에 자신이 죽긴 했지만 인간에게 얼마나 존경을 받았는지, 그리고 인간이 자신의 몸을 얼마나 정중하고 소중하게 다루었는지를 친척 곰에게 이야기할 것이기 때문입니다. 그렇게 하여 친척 곰이 두려움을 느끼지 않고 인간의 마음에 다녀오려는 생각을 갖게 하려는 것입니다.

곰은 매우 힘이 센 동물이며, 곰 사냥은 위험한 것이 사실입니다. 곰은 경외하는 대상입니다. 곰이 서식하는 숲에서는 어디서든 곰을 숲에 사는 동물의 우두머리로 생각했습니다. 동시에 곰이 죽은 뒤에 돌아가는 세계는 '정령의 저수지'이기도 했습니다. 그래서 곰의 영혼이 '정령의 저수지'로 돌아가 인간의 행동에 대해 호의적으로 보고하게 되면 서로의 관계가 좋아진다고 보았습니다.

이렇듯 곰은 오래전부터 경외하는 대상임과 동시에 더할 나위 없이 친근하고 다정한 감정을 불러일으키는 동물이었습니다. 유라시아 대륙이나 아메리카 대륙에서도 곰과 인간은 수천 년간 운명을 함께 했습니다. 인간과 곰은 같은 길을 따라 이동했고, 같은 계곡에서 연어를 잡았으며, 같은 식물의 뿌리를 캐서 먹었고, 똑같은 산딸기와 나무

열매를 수확하는 사이였습니다.

단군 신화에서는 곰이 여자로 변하여 단군을 낳았다고 했습니다. 아메리카 인디언부터 베링 해의 몽골족까지 광범위하게 퍼져 있는 신화 중의 하나가 곰과 결혼한 여자 이야기입니다. 그리고 이들 신화에서는 곰을 '반은 인간'이라는 관점에서 바라보고 있습니다. 곰과 결혼해서 사는 동안 인간인 소녀는 점차 곰의 본성을 갖게 되고 결국 곰이 되고 맙니다. 인간과 곰 사이에는 서로 연결되는 통로가 있습니다. 단군 신화와는 반대의 과정을 밟지만, 신화의 세계에서는 같은 구조를 보입니다.

곰 신화는 인간과 곰의 대칭성을 보여 줍니다. 서로 대등하게 생각한다는 뜻입니다. 그런데 역사의 시대란 인간 문명의 시대입니다. 더 이상 인간과 다른 존재의 대칭성이 사라지고 인간 중심의 세계가 전개되는 것이지요. 단군 신화는 바로 그런 인간과 곰이 대칭을 이루던 세계에서 역사의 시대로 넘어오는 난계에서 등장하는 이야기가 아닌가 생각합니다. 이렇게 보면 단군 신화는 훨씬 흥미로운 해석이 가능해집니다.

순암은 유학자의 입장에서, 또 인류학적 접근 방법을 배우지 못한 상태에서 『동사강목』을 편찬하였습니다. 그러다 보니, 역사를 기술할 때 위험할 수 있는 흥미로운 해석보다 안전해 보이는 합리적인 태도를 취할 수밖에 없었지요. 지금 우리가 살펴본 관점이나 접근 방법을 순암에게 요구하는 것은 무리입니다. 단군 신화의 해석에 대한 새로운 가능성을 환기하는 뜻에서 주변 이야기를 덧붙여 보았습니다.

기자의 8조 금법

앞서 강과 목이 제목과 내용을 의미하기도 한다고 말했습니다. 다음 기사는 『동사강목』의 강과 목의 구조를 이해하기 좋은 내용입니다. 먼저 강으로 세 개의 제목이 나열되고 그 아래에 내용인 목이 실립니다.

강 기묘년(기원전1122)|조선 기자 원년| (중략) 평양에 도읍하였다. ○ 성곽을 쌓았다. ○ 8조목의 가르침을 베풀었다.

목 기자가 올 적에 따라온 중국 사람이 5천 명이었는데, 따라온 사람 중에는 시서詩書·예악禮樂·의무醫巫·음양陰陽·복서卜筮에 능한 무리와 온갖 기능을 갖춘 기술자와 예술가가 있었다. 처음 왔을 때는 말이 통하지 않아 통역하여 그것을 알렸다. 백성에게 예의를 가르쳐서 중국의 제도와 부자·군신의 도리를 알게 하였고, 8조의 금지법을 두었다. 내용은 대략 다음과 같았다.

사람을 죽이면 목숨으로 갚고, 남을 다치게 하면 곡식으로 갚게 하며, 남의 것을 훔치면 남자는 모든 것을 몰수하여 그 집의 사내종

으로 삼고 여자는 계집종으로 삼되, 재물로 죄를 면죄받으려면 사람당 50만 금을 바쳐야 한다. 종이 되는 것을 면하여 양민이 되더라도 세속이 그것을 수치스러운 일로 여기므로 혼인할 때 배필配匹이 되어 줄 사람이 없었다. 그래서 백성이 남의 물건을 훔치지 않다 보니, 밤에 문을 닫아거는 일이 없었다. 아낙네는 정숙하여 음란하지 않았다. 백성은 음식을 변두籩豆 제사나 연회에 쓰는 그릇에 담아 먹었다. 신의와 겸양을 숭상하고 유학에 독실하여 중국과 같은 문명을 만들어 갔다. 전쟁을 좋아하지 않고 거세고 사나운 이웃을 덕으로 복종시키니, 이웃 나라가 모두 그 의리를 사모하여 추종하였다. 복식 제도는 다 중국과 같았다. |『한서』와 『함허자涵虛子』에서 보충하였다.|

송나라 범엽范曄은 다음과 같이 말하였다.

"기자가 8조목의 규약을 시행하여 하지 말아야 할 일을 사람들이 알게 하였다. 고을에는 간음하거나 도둑질하는 자가 없어서 밤에도 문을 잠그지 않았다. 모질고 경박한 풍속을 너그럽고 간결한 법도로 바꾸어 나가며 수백 년을 시행하자, 동이의 사람들이 모두 온화하고 공손해져서 동방 이외의 지방과 달랐다. 공자가 '살 만하다.' 한 것 또한 까닭이 있다. 기자가 법률 조문을 간결하게 하고 신의를 중시한 것은, 성인이 법을 만드는 원칙에 부합한다."

당나라 유종원柳宗元은 다음과 같이 말하였다.

"대인大人의 도리에 세 가지가 있는데, 첫째는 올바름을 지키면서 고난을 감당하는 것이고, 둘째는 법을 성인에게 전해 주는 것이며,

셋째는 백성들을 교화하는 것이다. 은나라에 기자라는 어진 이가 있었는데, 이러한 도리를 확실히 갖추고 세상에 임하였으므로 공자가 육경六經의 뜻을 서술할 적에 기자에 대하여 더욱 정성을 들였다.

은나라 주왕 때 도리가 문란해지자, 자신의 명철함을 지키며 상황에 순응하였고, 훌륭한 생각을 감춘 채 옥에 갇혀 수모를 겪었다. 『주역』에 '기자의 명철함과 고난'이라 하였으니, 올바름을 지키면서 고난을 감당한 것이다.

주나라로 왕조가 바뀌어 사람들이 올바른 도리를 갖추게 되자, 큰 법을 전수하여 주 무왕의 스승이 되었다. 주나라 사람들이 인간의 도리에 따라서 큰 법을 세웠으므로 『서경』에 '기자가 돌아가 홍범을 지었다.'라고 하였으니, 이는 법을 성인에게 전해 준 것이다.

조선에 봉해진 뒤에는 인간의 도리를 높이 선양하여 풍속을 교화하였다. 덕을 펴는 데 있어서 천하다고 차별하지 않았고, 사람에게 혜택을 주는 데에서는 먼 곳이라 하여 가리지 않았다. 은나라의 문명을 확대하여 오랑캐를 문명화하였으니, 이는 백성들을 교화한 것이다. 큰 도리를 모두 자신의 몸에 모아 천지가 변화하는 가운데 자신만은 올바름을 얻었으니, 그야말로 대인이다."

이수광李睟光은 다음과 같이 말하였다.

"기자의 8조목 중에서 3조목만 남아 있는데, 혹시 오륜五倫을 합하여 여덟 가지가 되는 것일지도 모른다."

안 『한서』에 8조라 하고서 3조만을 들었는데, 3조는 곧 「홍범」의 팔정八政 중의 사구司寇의 일이다. 기자가 다스릴 적에 「홍범」을 놔두고서 다른 것을 생각하지는 않았을 것이니, 8조는 팔정을 가리켜 말하는 것일지도 모른다.

『동사강목』 제1상

기자의 8조목 가운데 3조목만 전해지니까 다들 나머지 5조목이 뭘까 궁금했을 것입니다. 『지봉유설芝峯類說』의 저자 이수광은 그래서 오륜을 합하여 8조목이 아니었을까 추론했던 것이지요. 오륜은 맹자가 한 이 말에서 나왔습니다.

사람에게는 도가 있다. 배부르게 먹고, 따뜻하게 입고, 편안히 살면서 배움이 없으면 짐승과 다르지 않다. 성인이 이를 걱정하여 설契을 사도司徒로 삼아 인륜을 가르쳤으니, 부자 사이에는 친함이 있고, 군신 사이에는 의리가 있으며, 부부 사이에는 분별이 있고, 어른과 아이는 차례가 있으며, 벗들 사이에는 신의가 있다.

『맹자』 「등문공 상滕文公上」

순암은 『서경』 「홍범」에 나오는 여덟 가지 정치 활동을 8조라고 추론했습니다. "농農에는 팔정八政을 행한다." 하고, "첫째는 양식[食], 둘째는 재물[貨], 셋째는 제사[祀], 넷째는 사공司空, 다섯째는 사도司徒, 여섯째는 사구司寇, 일곱째는 손님 접대[賓], 여덟째는 군사[師]이다."라고 하였습니다. 여기서 '농農'이라는 글자는 농사를 짓는 것이 아니라, '생활을 풍부하게 한다.'라는 뜻으로 쓰였습니다. 즉 사람들의 삶에 필요한 여덟 가지 정책을 말하는 것이 팔정입니다. 어떻게 추론하든 기록이 남아 있지 않으니 8조 금법을 확정할 수는 없는 노릇입니다. 그래서 순암도 조심스럽게 '아닌가 한다.'라고 추정할 수밖에 없었지요.

단군 이후 역사 전개에 대한 견해

『동사강목』은 고대부터 고려까지의 통사이기 때문에 민족사의 정통과 계승을 논할 때도 전 시기에 걸칠 수밖에 없었습니다. 다음은 「범례」 통계 조항에 나타난 단군, 기자 이후의 역사 전개에 대한 순암의 견해입니다.

하나. 기준箕準이 나라를 잃고 남쪽으로 달아났으나, 마한을 쳐서 나라를 다시 세워 기자의 제사가 끊어지지 않게 하였으니, 이것 역시 정통이 되는 바이므로 『자치통감강목』 촉한蜀漢의 예와 같이 썼다. | 임상덕의 『동사회강東史會綱』에 다음과 같이 말하였다. "기준은 나라를 잃고 남쪽으로 옮겼으므로 옛날의 종주宗主로 처우할 수는 없다 해도 분주로 연도를 표기한 것은 삼국보다 앞에 두어야 한다. 그러나 쇠미하여 징험徵驗할 데가 없으므로 『자치통감강목』의 주에 노魯·위衛를 기록하지 않은 예에 따랐다." |

안 이는 매우 잘못된 설이다. 기자가 이미 정통의 임금이 되었으니, 쇠미하여 징험할 데가 없다 해서 정통의 반열班列에 쓰지 않을 수 없다. 노·위는 본디 제후로 전국 시대에 매우 쇠미하였으니 『자치통감강목』에 쓰지 않은 것이 마땅하다. 그러나 주 난왕周赧王의 경우에는 노·위보다도 훨씬 쇠약하였는데도 『자치통감강목』에서 정통으로 쓰지 않았던가?

하나. 정통은 단군·기자·마한·신라 문무왕|9년 이후|·고려 태조|19년 이후|를 말한다.| ○ 신라는 고구려라는 나라를 합병한 것이기 때문에 통일한 이듬해에 정통을 이었고, 고려는 견훤이라는 도적을 평정한 것이기 때문에 통합한 해에 정통을 이었다.| 무통無統 정통이 아닌 것은 삼국이 병립한 때를 말한다.|옛 역사서에는 백제가 의자왕에서 그쳤으나, 의자왕 뒤에 왕자 풍豊이 3년 동안 즉위하였으므로 이제 풍으로 대를 이었다.|

하나. 위만衛滿은 찬적인데, 『동국통감』에는 단군·기자와 함께 3조선朝鮮이라 일컬어서 마치 덕도 의리도 같은 것처럼 되어 있다. 그러나 이제 폄하하여 나라를 참칭한 예에 따랐다.

순암은 위만 조선을 정통으로 인정하지 않았습니다. 위만 조선에 대해서는 순암의 다른 기록도 참고할 만합니다.

강 무신년 28년(기원전193)|조선 왕 위만 원년 ○ 이 해는 참국僭國 1년이다.| 위만이 배반하여 수도를 습격하자 왕이 남쪽으로 달아나니,

감은사지感恩寺址 석탑

감은사 금당金堂터 앞에 있는 3층 석탑의 모습입니다. 신라가 백제와 고구려를 멸망시킨 뒤 당나라 세력을 몰아내어 삼국 통일을 완수한 뒤 682년(신문왕2)에 감은사를 완공하였습니다. 순암은 삼국 시대에는 정통이 없으며, 신라가 고구려를 합병한 676년(문무왕9) 이후에나 정통이 있게 되었다고 보았습니다.

위만이 조선왕이라 칭하고 왕검성王儉城에 도읍하였다.

목 위만이 서쪽 변방에 있으면서 망명한 무리들을 꾀어서 점점 그 수가 많아졌다. 그러자 왕에게 사람을 보내 "한나라 군사가 열 갈래의 길로 온다."라고 거짓으로 보고하고 들어가 지키겠다고 청했다. 그래 놓고는 결국 도리어 왕을 공격하였다. 왕이 위만과 싸웠으나 당해 낼 수가 없어 좌우 신하들과 궁인 및 나머지 무리 수천 명을 거느리고 남쪽으로 달아나서 마한으로 갔다. 기자로부터 기준까지 41세대, 총 930년을 지내고서 나라를 잃었다.

『동사강목』 제1상

순암이 밝힌 민족사의 흐름을 정통과 무통으로 구분하여 그림으로 나타내면 다음과 같습니다.

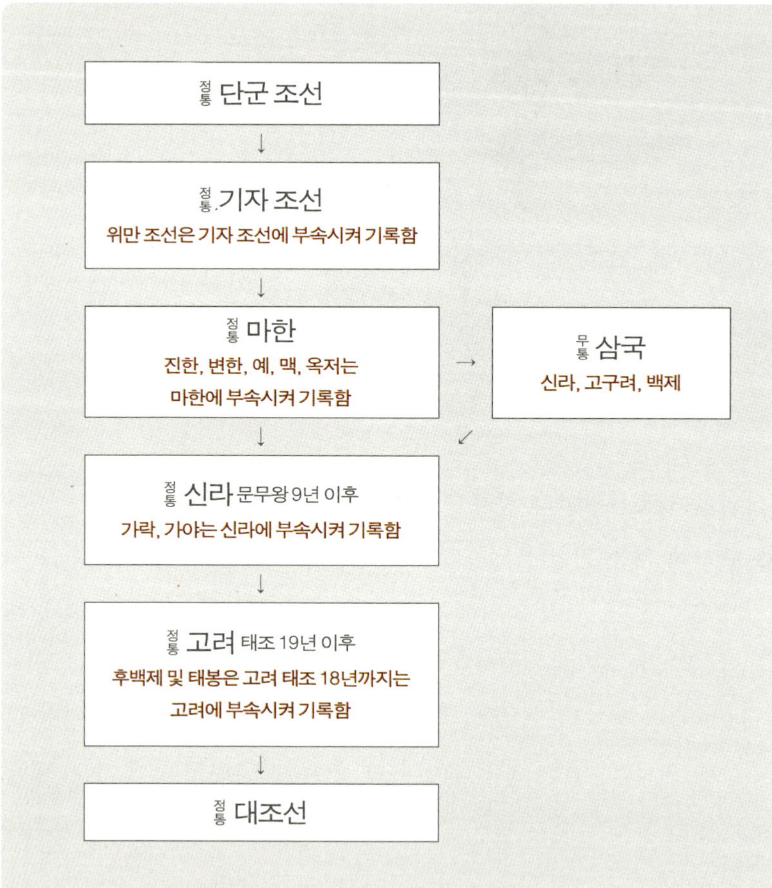

제2장

정치

어떻게 다스릴 것인가? 반드시 법을 엄하게 하여 죄가 무거운 자는 반드시 죽여 없애고 집안 재산을 몰수해야 한다。 추천하여 등용하게 한 재상도 반드시 뇌물을 준 자와 같은 수준으로 처벌해야 한다。 그다음에 청렴하고 겸손한 사람을 등용하고 사치스러운 풍습을 없앤다면 잘 다스려질 것이다。

정치 활동에 주목하다

인간은 처음부터 공동으로 생활했습니다. 개인주의라는 말을 쓰지만 실제 '개인'이라는 것은 현실에 존재하지 않는 논리적 가정입니다. 정치는 공동으로 살아갈 수밖에 없는 인간들의 다양한 이상과 이해관계를 조정하고 해결하는 일련의 과정일 것입니다.

순암은 민족사 편찬을 목표로 했기 때문에 『동사강목』에서도 정치 활동을 중요한 주제로 다룰 수밖에 없었습니다. 나라와 왕조에 대한 기록의 대부분이 정치와 관련된 것일 테니까요. 비교적 변화가 적은 경제적 생산 활동에 반해 정치 영역은 변화가 잦습니다. 농업 부문의 변화와 발전보다는 정치 권력의 변화가 더 크기 때문입니다.

역사에 대한 기록도 일반 백성이 남긴 것보다 국가의 공식 역사가인 사관이 남긴 것이 훨씬 많습니다. 이는 자원을 동원할 때 국가의 조직력이 유리하기 때문이기도 하지만, 국가 공식 기록의 필요성 차원에서도 설명할 수 있습니다. 늘 비슷한 삶이 계속된다면 굳이 기록을 남길 이유가 없습니다. 변화가 크고, 변화에 대응하기 위해 참고할 것이 많을 경우에 기록을 남기게 되겠지요.

순암은 정치를 직업으로 하는 사람들의 활동에 주목했습니다. 경제나 민생은 다음 장에서 따로 다루고, 우선 역사 속의 정치가들은 어떠하였고, 순암은 어떤 사람을 모범적인 정치가로 보았는지 살펴보겠습니다.

강 신해년(51) | 신라 유리왕 28년 · 고구려 모본왕 4년 · 백제 다루왕 24년 | 고구려 왕이 간언하는 사람을 활로 쏘아 죽였다.

목 왕의 포학성이 날로 더하여 앉을 때 사람을 깔고 앉고 누울 때 베고 누워 그 사람이 움직이면 바로 죽였으며, 간언하는 신하가 있으면 활을 당겨 쏘아 죽이니, 조정과 민간이 근심하고 두려워하며 민심이 돌아섰다.

이첨李詹은 다음과 같이 말하였다.

"군신은 한몸이니, 마땅히 예로 대하고 은혜로 사랑해야 하거늘 해우解憂 모본왕의 이름는 이처럼 흉포했다. 간언해 봐야 소용없을 것 같은데도 간언한 것은 분명 위태로운 줄을 알면서도 살신성인殺身成仁한 것이다. 왕은 신하가 자기의 뜻을 거스르는 것을 미워할 줄만 알았지, 신하가 지극히 하기 어려운 일을 한 데에는 왕을 사랑하는 마음이 있었음을 알지 못하였다. 예로부터 대단히 무도한 임금이 아니고서는 간언하는 신하를 함부로 죽이는 이가 없었다.

진 영공陳靈公이 설야洩冶를 살해하고, 진 후주陳後主가 부재傅縡를 살해했으며, 당 희종唐僖宗이 상준常濬을 살해한 것은 모두 멸망이 머지않은 시기에 있었던 일로, 『춘추』와 『자치통감강목』에서 그 일을 있는 그대로 기록하여 망하게 된 이유를 드러냈다. 해우 또한 오래지 않아서 자신은 시해되고 자식은 폐위되었으니, 천하 국가를 소유한 자는 마땅히 이런 사태를 가지고 흥망을 점쳐야 할 것이다."

『동사강목』 제1하

고구려 모본왕이 사람을 깔고 앉거나 누워 있다가 그 사람이 움직이면 죽였다는 기록입니다. 중국 역사에도 비슷한 왕이 있었다고 합니다. 진 영공은 대부인 공영孔寧·의행보儀行父와 함께 하희夏姬와 간통하였는데, 이에 대해 간언하는 대부 설야를 죽였습니다. 영공은 결국 하희의 아들 하징서夏徵舒에게 시해되었습니다. 진 후주는 남북조 시대 왕으로 술과 여자에 빠져 정사를 돌보지 않았으며, 많은 누각을 짓고 후궁들과 잔치 벌이기를 일삼았습니다. 수隋나라 군사가 쳐들어오는데도 풍악과 시 짓기를 즐기다가 수나라 장수 한금호韓擒虎에게 붙잡혔습니다. 당 희종 때는 왕선지王仙芝, 황소黃巢의 난이 일어났던 때로, 당나라 말기입니다.

순암은 고려 말의 역사학자 이첨의 말을 인용하여 모본왕의 포악성을 비판했습니다. 그리고 이런 폭정의 결과를 바로 2년 뒤에 보여줍니다.

강 계축년(53) | 신라 유리왕 30년·고구려 모본왕 6년 태조왕 원년·백제 다루

왕 26년| 겨울 11월. 고구려 사람이 왕 해우를 시해하고, 유리왕의 손자 궁宮을 새로운 왕으로 세우자, 태후가 수렴청정垂簾聽政을 하였다.

목 왕의 곁에서 모시던 모본慕本 사람 두노杜魯가 화가 자신에게 미칠까 걱정되어 통곡하니, 어떤 사람이 말하였다.

"장부가 어찌하여 통곡하는가? 나를 어루만져 주면 임금이고 나를 학대하면 원수이다. 지금 왕이 포학한 짓을 하여 사람을 죽이니, 백성의 원수이다. 그대는 일을 도모하라."

이에 두노가 칼을 숨기고 왕에게 나아갔다. 왕이 두노를 끌어다 앉히자 두노가 마침내 왕을 시해하였다. 모본원慕本原에 장사 지냈다.

『동사강목』 제1하

여기서 두 가지를 짚고 넘어가겠습니다. 첫째는 '장본張本'에 대해서입니다. 둘째는 순암이 「범례」에서 언급한 대로 폭군이지만 정통을 이었기 때문에 '왕'이라고 쓰고 이름을 적은 것에 대해서입니다.

장본이란 '밑바탕을 깔아 놓는다'는 뜻입니다. 장차 일어날 일의 암시를 뜻하기도 하고, 인과관계를 의미하기도 합니다. 편년체 역사서라도 강목체의 경우는 강과 목을 통해 사건의 인과나 전말을 보여 줄 수 있지만 전체 상황을 모두 강과 목 구조에 수렴할 수 없다 보니 장본 방법은 여전히 유효합니다. 순암이 이 방법을 쓴 대목을 하나 더 소개하겠습니다.

강 무자년(148) | 신라 일성왕 15년·고구려 차대왕 3년·백제 개루왕 21년 |
여름 4월. 고구려 왕 수성遂成 차대왕이 태조왕의 원자元子 막근莫勤과 그 아우 막덕莫德을 죽였다.

목 왕이 막근을 죽이니 막덕은 화가 미칠 것을 두려워하여 스스로 목을 매어 죽었다.

김부식이 다음과 같이 말하였다.

"옛날 송 선공宋宣公은 아들을 세우지 않고 아우를 세웠다가 여러 대에 걸쳐 난리가 일어나게 하였다. 그래서 『춘추』에서 정위正位에 있는 것을 중시한 것인데 당시에 태조 대왕이 이 도리를 알지 못하고 경솔하게 어질지 못한 아우 수성에게 왕위를 넘겨주어 충성스러운 신하와 사랑하는 아들에게까지 화가 미치게 하였으니, 몹시 한탄스럽다."

강 **가을 7월. 고구려 왕이 평유원平儒原에서 사냥하다가 무당을 죽였다.**

목 왕이 평유원 | 현재 어느 지역인지는 미상이다. | 에서 사냥할 때 흰 여우가 따라오면서 울어 활을 쏘았으나 맞히지 못했다. 무당에게 무슨 조짐이냐고 묻자, 무당이 대답하였다.

"여우는 요망한 짐승이라 상서롭지 못한데 빛깔이 희니 더더욱 괴이합니다. 하늘은 말로 상세하게 알릴 수 없기 때문에 요망하고 괴이한 것을 보여 주어 임금이 자신을 수양하고 반성하게 하고자 하는 것이니, 왕께서 만약 덕을 닦으신다면 화가 바뀌어 복이 될 것입니다."

그러자 왕이 말하였다.

"흉하면 흉한 것이고 길하면 길한 것이지, 요망하다 했다가 또 복이 된다 했다가 하니, 네 어찌 거짓말을 하느냐?"

그러고는 무당을 죽였다.

『동사강목』 제1하

차대왕은 태조왕의 아들 막근과 막덕을 죽이고, 불길한 조짐을 떨어내기 위해 덕을 쌓으라고 말한 무당을 죽여 버렸습니다. 이 일의 결과가 17년 뒤 기사에 보입니다.

강 **을사년(165)**|신라 아달라왕 12년·고구려 차대왕 20년 신대왕 원년·백제 개루왕 38년| **(중략) 겨울 10월. 고구려의 연나부**椽那部 **조의**皀衣 **명림답부**明臨答夫**가 왕 수성을 시해하고 왕의 아우 백고**伯固**를 왕으로 세웠다.**

목 수성이 씩씩하고 날래어 위엄은 있었으나, 인자함이 적고 포학하고 무도하여 백성이 가까이 따르지 않았다. 백고는 화가 미칠까 두려워 산골짜기에 숨었는데, 답부가 백성이 견디기 어려운 상황임을 알고 왕을 시해하였다. 이에 좌보左輔 어지류菸支留가 신하들과 의논한 뒤에 사람을 보내어 백고를 맞이하였다. 백고가 이르자 지류가 무릎을 꿇고 국새國璽를 올리며 말하였다.

"선군께서 불행히 돌아가셨습니다. 아들을 두긴 했으나 나라를 다스리는 무거운 임무를 짊어질 수 없어, 하늘과 사람의 마음이 모두 지극히 어진 분에게 돌아갔습니다. 삼가 절하고 머리를 조아리며 왕위에 오르시기를 청합니다."

백고가 엎드려 세 번 사양한 뒤에 즉위하였다. 이가 신대왕新大王이니, 나이가 77세였다. 거동이 영특하고 성품이 인자하고 관대하였다. 수성은 차대왕次大王이라고 불렀다.

안 수성의 포악함은 누구라도 주벌할 만한 것이었다. 그러니 답부가 찬탈할 때에, 수성의 죄를 성토한 뒤에 어진 임금을 세웠다면 그 누가 안 된다고 했겠는가? 그런데 신하가 되어 20년 동안이나 섬기다가 직접 시해하였으니, 이는 필시 자신에게 화가 오고 있는 것을 느끼고, 또 부귀해지고자 하는 마음에 흔들려서였을 것이다.

『동사강목』 제1하

순암은 평론을 통해 차대왕이 시해된 배경과 차대왕을 시해한 답부의 사사로운 이기심을 드러내고 있습니다. 앞서 두노가 모본왕을 죽였을 때 '어떤 사람'의 말을 인용하여 "나를 어루만져 주면 임금이고 나를 학대하면 원수"라고 했고, 차대왕이 죽은 것도 '백성이 견디기 어려운 상황'이 배경이 되었음을 언급했습니다. 이런 시각은 순암이 정치를 어떻게 생각했는지를 보여 줍니다. 바로 백성의 피부에 닿는 삶이 어떠한가에 따라 정치의 정당성이 결정되는 것입니다. 그리고 이런 관점은 오래전부터 내려온 전통이었습니다. 다음 대화를 살펴볼까요?

제 선왕齊宣王이 물었다.

"탕湯 임금이 걸왕桀王을 추방하고, 주 무왕周武王이 주왕紂王을 정벌했다는데, 그런 일이 있었습니까?"

맹자가 대답하였다.

"옛 역사서에 나옵니다."

제 선왕이 또 물었다.

"신하가 그 임금을 죽여도 되는지요?"

맹자가 대답하였다.

"인仁을 해치는 것을 적賊이라 하고, 의義를 해치는 것을 잔殘이라 합니다. 잔적殘賊에 해당하는 사람은 그저 한 명의 사내라고 부를 뿐입니다. '한 명의 사내에 불과한 주왕을 주륙誅戮하였다.'라는 말은 들었습니다만, '군주를 시해했다.'라는 말은 들어 본 적이 없습니다.

『맹자』「양혜왕 하梁惠王下」

나름대로 위엄 있는 군주였던 제 선왕에게 맹자가 한 말입니다. '군주가 군주답지 못하면 죽여도 된다.'라는 것이 맹자의 단호한 생각이었습니다. 민심이 곧 천심이기 때문입니다. 이런 혁명 사상 때문이었는지 명 태조 주원장朱元璋은 문묘文廟에서 맹자의 위패位牌를 치우라고 명하였고,『맹자』중에서 앞서 본 구절을 포함한 85절을 삭제한

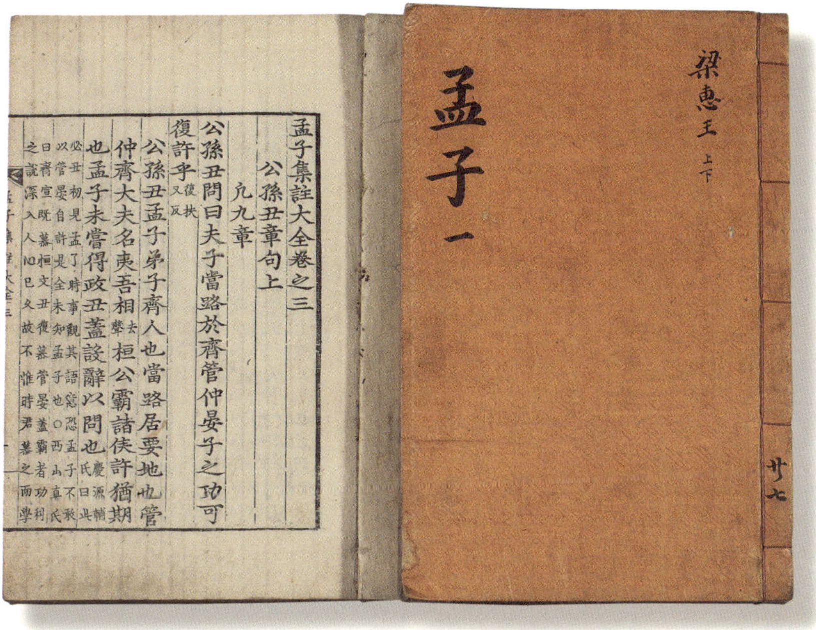

맹자집주대전孟子集註大全

주자가 주석을 단『맹자』책입니다. 맹자는 전국 시대 사상가로 성선설性善說을 주장하고, 당시 제후들에게 어진 정치를 권유하였으며, 역성혁명易姓革命을 긍정하였습니다. 순암을 비롯하여 조선 학자들의 강단 있는 모습은『맹자』에서 영향을 받은 결과라고 할 수 있습니다.

『맹자절문孟子節文』을 따로 만들어 읽게 합니다. 말하자면『맹자』를 일종의 금서로 다룬 것이지요.

하지만 조선에서는 이런 일이 없었습니다. 조선 사람들은『맹자』라는 책을 있는 그대로 배웠습니다.『맹자』는 원래 경經이 아니었습니다. 송나라 때 사서四書가 성립되면서 처음으로 경의 지위를 갖게 되었지요. 그런 만큼『맹자』의 사상사적·정치사적 의미는 남다르다고 할 수 있습니다.

강단 있게 할 말을 하는 인간형, 호연지기浩然之氣를 가진 인간형은 『맹자』를 빼고는 설명하기 어려울 것입니다. 순암을 포함한 조선 학자들의 핏속에는 『맹자』가 흐르고 있다고 해도 과언이 아닙니다. 앞에 인용한 기사도 『맹자』의 내용에 의지해 주장한 것으로 볼 수 있을 것입니다.

무리한 궁궐 공사를 비판하다

강 경신년(300) | 신라 기림왕 3년 · 고구려 봉상왕 9년 미천왕 원년 · 백제 분서왕 3년 | (중략) ○ 8월. 고구려가 궁궐을 크게 수리하였다.

목 이때에 고구려 왕은 날로 무도해져 나라 안의 15세 이상 남녀를 징발하여 궁궐을 수리하였다. 창조리倉助利가 간언하였다.

"자연재해가 거듭 닥치고 농사는 흉년이 들어 백성이 살 곳을 잃었으니, 지금이야말로 하늘을 두려워하고 백성을 걱정하여 두려운 마음으로 자신을 돌아보고 수양해야 할 때입니다. 대왕께서는 이를 생각지 않고 굶주린 사람들을 토목 공사에 몰아넣어 부리시니, 백성의 부모 된 이의 마음에서 크게 어긋납니다. 더구나 이웃에는 강한 적국이 있습니다. 그들이 우리가 피폐한 틈을 타서 쳐들어온다면 사직과 백성을 어찌할 것입니까? 대왕께서는 깊이 헤아리십시오."

그러자 왕이 노하여 말하였다.

"임금이란 백성이 우러러보는 자리인데, 궁실이 웅장하고 화려하지 않으면 위엄과 무게를 보일 수 없다. 지금 재상은 과인을 훈계하여 백성들로부터 칭송을 듣고자 하는 것인가?"

그러자 창조리가 답하였다.

"임금이 백성을 구휼하지 않으면 인자하지 않은 것이고, 신하가 임금께 간언하지 않으면 충성스럽지 않은 것입니다. 신이 재상 자리에 있으니 말씀드리지 않을 수 없습니다. 어찌 감히 칭송을 들으려 하는 것이겠습니까?"

그러자 왕이 웃으며 물었다.

"재상은 백성을 위해 죽을 작정인가?"

창조리는 왕이 뉘우치지 못할 것을 알고 또 화가 미칠 것이 두려워 왕을 폐위시킬 계책을 세웠다.

『동사강목』 제2상

실제로 창조리는 다음 달인 9월에 봉상왕 상부相夫를 폐하고 을불乙弗을 왕으로 세웠습니다. 결국 상부는 자살하고 맙니다. 이 일의 발단이 된 것은 봉상왕이 과도한 궁궐 공사에 백성을 동원하였기 때문입니다. 다음 기사도 같이 볼까요?

강 정축년(1157)|의종 11년| (중략) 대궐 동쪽에 이궁離宮 별궁을 지었다.

목 영의榮儀는 대궐 동쪽에 익궁翼宮 날개같이 양쪽에 붙여서 지은 궁전을 짓는다면 나라의 기틀을 연장할 수 있다고 하였다. 왕이 그 말을 믿고 익양후翼陽侯의 저택을 빼앗아 이궁을 만들었다. 궁宮은 수덕壽德이라 하였고 전殿은 천녕天寧이라 하였다. 또 시중侍中 왕충王冲의 저택을 안창궁安昌宮으로, 전 참정參政 김정순金正純의 저택을 정화궁靜和宮으로, 평장사平章事 유필庾弼의 저택을 연창궁漣昌宮으로, 추밀원부사樞密院副使 김거공金巨公의 저택을 서풍궁瑞豊宮으로 삼았다.

또 민가 50여 채를 허물어 태평정太平亭을 짓고 태자에게 명하여 편액을 쓰게 하고, 곁에 이름난 꽃과 기이한 나무를 심고, 예쁘고 진기한 물건을 좌우에 늘어놓았다. 정자 남쪽에 못을 파고 관란정觀瀾亭을 짓고, 그 북쪽에 양이정養怡亭을 만들어 청자 기와를 얹고, 남쪽에 양화정養和亭을 만들어 종려棕櫚를 덮었다.

또 옥돌을 갈아서 환희대歡喜臺와 미성대美成臺 두 누각을 짓고 괴석을 모아 신선산을 만들고, 먼 곳의 물을 끌어다 폭포를 만들어 극히 사치스럽고 화려하게 꾸몄다. 소인배가 영합하여 왕의 명령이라고 핑계 대고 민간의 진귀하고 기이한 물건을 멀리 있건 가까이 있건 따지지 않고 마구 빼앗아 말에 실어 오기 일쑤였다. 그 행렬이 길에 이어져 백성은 그 일로 무척 괴로웠다.

『동사강목』 제9상

강 계미년1343|충혜왕 후(後) 4년| 봄 3월. (중략) 삼현三峴에 새 궁궐을 지었다.

목 왕이 건물 짓는 것을 좋아하여 궁궐 마구간을 짓느라 민가 1백여 구역을 헐어 버리고 담장을 넓혀 쌓고서 남의 좋은 말을 빼앗아 채워 넣은 적이 있다. 또 남의 농토를 빼앗아 귀속시켜 거두어들인 세금을 운반하는 수레만도 날마다 1백 대가 될 정도였다. 그리고 삼현에 새 궁궐을 지으면서 불량배를 시켜 남의 재목을 빼앗았으며, 몸소 깃발을 휘두르고 북을 치며 공사를 독려하였다. 건축 공사가 지체되자 왕이 진노하여 감독관 김선장金善莊 등을 꾸짖었다.

"만약 10월 안에 끝내지 못하면 반드시 중벌을 내릴 것이다."

또 다음과 같이 공고문을 붙였다.

"재상으로부터 하급 관리에 이르기까지 재목을 운반하는 데 기일을 맞추지 못하는 자는 베 5백 필을 징수하고 섬으로 유배 보내겠다."

그리하여 밤낮으로 공사를 감독하고 재목을 실어 나르는 수레가 끊임없이 이어졌다. 전각의 문을 모두 놋쇠로 꾸미느라 백관에서부터 서리에 이르기까지 두 사람마다 오종포五綜布 1필씩을 주고 놋쇠 2근씩을 징수하였으며, 각 도의 구리와 철을 거두어 솥과 가마를 주조하여 새 궁궐에 들여놓도록 하였다. 이 일 때문에 백성의 농기구를 남김없이 모두 거두어 갔다. 후에 원나라의 사신 덕실德實이 공고문을 떼어 가지고 객관으로 돌아와 채하중蔡河中에게 말했다.

"임금 된 자는 마땅히 때를 보아 가며 백성을 부려야 하는데, 지금 농사를 방해해 가며 백성을 부리니 백성이 어떻게 살겠는가? 내가 이 일을 황제에게 아뢰겠다."

이 말은 들은 왕이 채하중을 시켜 황제에게 아뢰지 말아 달라고 청하자 마침내 그만두었다.

강 5월. (중략) ○ 왕이 새 궁궐을 짓는 부역에 동원된 사람들에게 음식을 먹였다.

목 신료와 각 창고에 명하여 술과 안주, 비단을 바쳐 궁궐 짓는 비용에 보태도록 하였다. 왕이 술을 차려 놓고 나희儺戲 악귀를 쫓는 의식를 구경하다가 너무 즐거워 일어나 춤을 추고, 또 재신들에게 번갈아 박자를 맞추는 단판檀板을 두드리면서 춤을 추게 하였다. 왕이 은 1백 냥을 내고 공주와 은천 옹주銀川翁主가 각각 50냥씩을 내어 광대에게 사례금을 주었고, 어떤 사람이 거지 춤을 추자 그에게 은 50냥을 내려 주었다. 이때부터 신하들에게 날마다 술과 안주를 풍성하게 차려 놓고 먹도록 명하였는데, 화려하고 아름답게 하려고 경쟁하여 한 번 먹이는 비용이 베 2, 3백 필이나 되었다.

강 ○ 겨울 10월. (중략) 삼현의 새 궁궐이 완성되었다.

목 각 도에서 단칠丹漆을 거두었는데, 기일에 못 맞춘 자에게서는 몇 배나 되는 베를 더 거두었다. 관리들이 이를 기회로 간교를 부리니 백성이 근심하고 원망하였다. 궁궐의 구조는 일반적인 왕궁과 달라서 곳집 1백 칸을 두었는데, 곡물과 비단으로 그곳을 가득 채웠다. 궁실을 마련해 궁녀를 들였는데, 이때 두 여자가 뽑혀 들어오

면서 눈물을 흘리자 왕이 노하여 철퇴로 때려 죽였다. 또 디딜방아와 맷돌을 많이 두었는데, 모두 은천 옹주의 뜻이었다. 어떤 총애받는 신하가 아뢰었다.

"남의 집안 사정을 아는 데는 장님이나 무당만 한 자가 없으니, 주상께서 미녀를 구하시려면 이들에게 물으십시오."

그러자 왕이 미녀를 구해 새 궁궐을 채우려고 불량배를 시켜 장님

동궐도東闕圖
도화서圖畵署 화원畵員들이 창덕궁과 창경궁을 그린 그림입니다. 1830년(순조30) 이전에 그린 것으로 추정하고 있습니다. 두 궁궐이 경복궁 동쪽에 있기 때문에 '동궐'이라 부르는데, 두 건물 모두 임진왜란 때 불탔습니다. 그 후 창덕궁은 선조 때, 창경궁은 광해군 때 중건重建하였습니다. 광해군은 재위 내내 궁궐 건설 공사를 벌여 국고國庫를 탕진하였습니다.

과 무당을 못살게 굴었다.

『동사강목』 제14상

일일이 설명하지 않아도 순암의 기사만으로도 상황이 전달되지 않습니까? 사람은 누구나 집에서 삽니다. 집은 문명 생활의 상징입니다. 동굴이나 나무 위가 아닌, 추위나 비바람 등 불편한 자연환경으로

부터 보호받고 다른 동물로부터 보호받을 수 있는 안전한 공간을 확보한다는 것은 인위적으로 하는 일이기 때문입니다. 하지만 국가가 생기면서 계급과 신분이 나뉨에 따라서 집은 일차적인 실용적 목적 외에 겉으로 신분을 내보이는 수단으로 변모하였습니다.

맹자는 의례儀禮가 수반되는 군주들의 생활에는 필수적으로 사치가 따른다고 보았습니다. 수렵장, 후궁, 호화로운 궁궐이 그것입니다. 그러나 이런 치장을 위한 사치품은 백성도 무엇인가 좋은 삶을 함께 향유하는 경우에 한해 정당화되는 것이었습니다. 예를 들어 주 문왕周文王은 수렵장을 가지고 있었지만 백성의 생활과 수입을 보장하고 난 다음에 이를 즐겼지요. 종묘 제례악宗廟祭禮樂 '여민락與民樂'의 주제가 됐던, 백성과 함께 즐긴다는 '여민동락與民同樂' 덕목이 이런 것이지요.

조선 시대에도 순암이 비판했던 궁궐 공사로 인해 나라가 휘청거린 적이 있습니다. 인조반정1623년이 일어난 뒤 3월 14일에 인목 대비仁穆大妃는 광해군의 잘못된 정치를 비판하는 교서를 발표했는데요, 그중 두 번째로 거론된 대목이 "민가 수천 채를 철거하고 궁궐을 두 동이나 건축하는 등 10년 동안 토목 공사가 끊이지 않았다."라는 조목이었습니다. 그럼에도 불구하고 현재 광해군을 재평가하는 사람들이 눈을 감거나 어물쩍 넘어가는 사안 중의 하나가 광해군 재위 내내 계속된 궁궐 공사에 관한 것입니다.

궁궐은 국왕이 살던 곳입니다. 국왕도 사람이니 집이 있어야 합니다. 그런데 국왕은 자연인일 뿐만 아니라 국왕 자체가 시스템이고 제도입니다. 국왕 자체가 제도였기 때문에, 국왕이 사는 궁궐은 제도에 걸맞은 규모를 갖추기 마련이었습니다. 국왕이라는 제도를 운영하기 위한 각급 관청, 예를 들어 국왕의 건강을 돌보는 내의원內醫院, 음식을 장만하는 사옹원司饔院에서부터 나라의 기간 행정 조직인 육조六曹, 감찰을 맡은 사헌부와 언론을 맡은 사간원까지 모두 국왕 가까이에 있었습니다. 국왕의 자문 기구이자 경연經筵을 담당했던 홍문관이나 국정 기록을 담당했던 예문관은 아예 궁궐 안에 건물이 있었습니다.

궁궐은 한 나라의 상징이 아니겠습니까? 그러다 보니 크다는 것만으로 비난하기는 어려운 것이 궁궐이었습니다. 다만 진 시황秦始皇의 아방궁阿房宮, 한漢나라의 미앙궁未央宮처럼 크고 화려한 궁궐은 그 규모가 과도해 문제가 된 것이지요.

광해군 1년~2년에 궁궐도감宮闕都監과 영건청營建廳이라는 관청이 등장합니다. 광해군 때 궁궐 공사를 담당했던 기관은 대체로 4년까지는 영건청, 5년~6년에는 선수청繕修廳, 7년~9년에는 선수도감繕修都監, 9년 이후에는 영건도감으로 불리며 광해군 대의 궁궐 공사를 총괄 지휘했습니다. 5년~6년에는 계축옥사를 벌이느라 좀 쉬기는 했지만 결국 재위 내내 궁궐을 지었다는 이야기입니다. 이때 창덕궁, 창경궁, 경운궁, 경덕궁, 인경궁, 자수궁 공사가 계속되었습니다. 여기서 경운궁은 오늘날의 덕수궁이고, 경덕궁은 오늘날의 경희궁입니다.

이런 일에는 권력자가 개입하기 마련입니다. 광해군이 총애했던 내관 조귀수趙龜壽도 그중 하나였습니다. 조귀수가 매일 임금 가까이에 있으면서 일을 주도하다 보니, 영건도감 관리의 근무 태도가 조귀수를 거쳐서 다 보고되었습니다. 조귀수의 기세가 하늘에 닿을 듯하자 제조提調 이하 관원이 아첨하며 섬기느라 바빴습니다. 그에게 술자리를 베풀고 정성을 보여 수 년 사이에 그의 집이 갑자기 부유해졌다고 합니다. 마을 사람들은 그가 사는 곳을 화성궁花城宮이라 하였는데, 그의 종들까지도 함부로 외롭고 약한 사람들을 못살게 굴었습니다. 결국 조귀수는 인조반정이 일어났을 때 벌을 받아 죽습니다.

궁궐 공사는 재정이 문제였습니다. 각 도에 배정하는 것도 한계가 있었습니다. 은행에서 빌릴 수도, 외국에서 차관을 들여올 수도 없던 때였습니다. 농업 생산력에 기반을 둔 경제 체제에서는 백성을 쥐어짜는 것이 유일한 재정 조달 방법이었습니다. 그래서 생각한 것이 결포結布였습니다. 토지를 가지고 있는 소유주에게 세금 외에 별도로 포를 받는 것이지요.

앞서 소개했던 순암의 또 다른 역사책인 『열조통기』에 나오는 말을 볼까요? 『동사강목』은 고려 때까지의 역사였고, 『열조통기』는 조선 시대의 역사입니다.

> 봄. 창경궁을 중건했다. 완성되자, 영건도감을 설치하여 인경궁, 경덕궁 두 궁궐을 창건했다. 인왕산 아래 인가를 모두 철거했다. |『야록野錄』|
>
> 시문용施文用이란 자는 도망친 중국 병사인데, 풍수와 점을 보았다. 정인홍이 친척 누이를 그의 아내로 삼아 주고는 걸핏하면 길흉

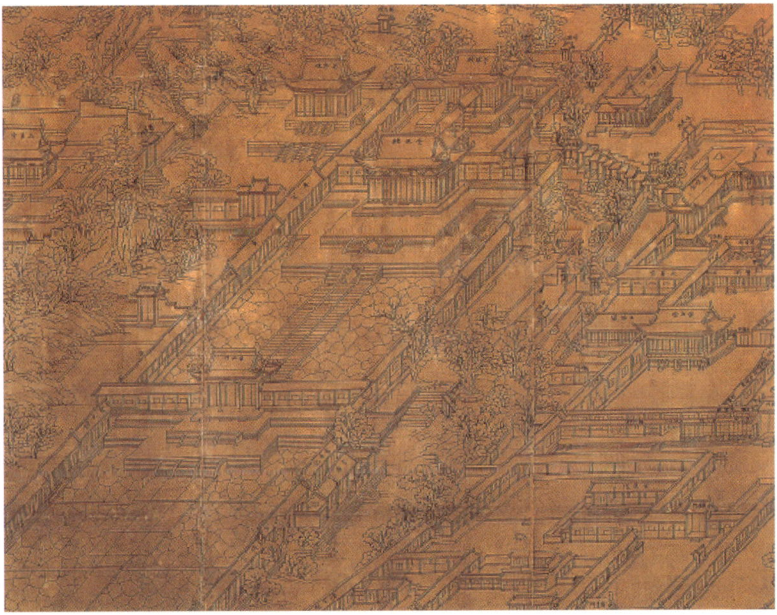

서궐도안西闕圖案 중 숭정전崇政殿 부근
동궐도와는 달리 채색을 하지 않아 밑그림 상태인 서궐도의 일부입니다. 서궐은 경복궁 서쪽에 있는 경희궁을 말합니다. 광해군이 처음 세울 당시 이름은 경덕궁慶德宮이었습니다.

을 묻더니만 나중에는 광해에게 그를 소개했다. 승려 성지性智는 풍수 덕에 더 없는 총애를 받았다. 새 궁궐 가까운 곳에서 집 하나를 차지하고 사미승沙彌僧을 두고서 절을 차리고 놀았다.|『상촌집象村集』|

풍수로 임금을 현혹하여 두 궁궐을 지었고, 3결에 1포를 더 거두다가 다시 1결마다 포를 거두었다. 또 유배 간 사람들에게 은을 받고 죄를 면해 주거나, 조도 별장調度別將이라고 부르는 자들을 팔도에

두루 보내어 백성이 도저히 살 수가 없었다. 8년이 되도록 완성하지 못하다가 중단했다.|『야록』|

성지는 또 광해에게 12궁궐을 건립하라고 권하였다. 나라의 운명이 연장된다고 했기 때문에 두 궁궐을 먼저 지었는데, 인경궁은 인왕산 아래 정원군 집에 있었고,|즉 원종元宗의 사저이다.| 경덕궁은 돈의문敦義門 안에 있었다.|속칭 새문新門 안 궐이라고 불렀다.|

『열조통기』 광해군 8년 봄

순암은 광해군이 정인홍과 가까웠던 중국 점쟁이 시문용을 불러 점을 치고 풍수에 빠졌던 일을 소개하고 있습니다. 또 승려 성지도 풍수로 광해군의 궁궐 공사를 부추겼음을 적고 있습니다. 성지는 광해군에게 궁궐 12곳을 지으라고 했다는군요. 반정이 일어날 때까지 여섯 채의 궁궐을 지었다고 하는데, 반정이 일어나지 않았으면 어떻게 되었을까요? 순암의 기록은 『광해군일기光海君日記』 등 당대 기록과 거의 차이가 없습니다. 앞의 『열조통기』에 나오는 1616년 이후, 그러니까 궁궐 공사가 한창이던 이듬해 6월 상황에 대해 사관은 이렇게 말했습니다.

영건도감에서 3개월 동안에 쓴 것을 살펴보니, 들어간 쌀이 6천 830여 석이고 포목이 610여 동이었으며, 당주홍唐朱紅 600근의 값은 포목 60동이었고 정철正鐵 무기 만들 때 쓰는 순철이 10만 근에 이르렀으며, 각종 다른 물품도 이와 비슷했다. 이를 모두 쌀과 포목으로 충당했는데, 한 전각을 짓는 데 들어가는 것이 적어도 1천여 동을 밑돌지 않았다.

『광해군일기』 9년 6월 25일

이는 당주홍, 즉 중국산 주홍 600근을 수입해 오려다가 가격이 60동이나 돼 사오기가 어렵게 되자 국내산 주홍으로 바꾸자는 논의가 일어났던 일을 적은 기사에 대해 사관이 한 말입니다. 주홍이란 수은과 황으로 만든 붉은빛의 고급 안료로 대궐의 문을 칠하는 데 쓰입니다. 지금도 궁궐에 가면 문에 붉은빛이 도는 안료를 칠한 것을 볼 수 있지요. 이 안료로 각 전각이나 누각, 복도 문, 벽을 칠했습니다. 사관이 말한 내역을 살펴보면 한 달에 들어간 비용이 9천여 석 가량입니다.

한 달에 9천여 석이 들어갔다고 볼 때, 1년이면 적게 잡아도 10만 석이 들어간 것입니다. 정철의 경우, 당시 무기를 담당하던 군기시軍器寺에서 1년 동안 거두는 공철貢鐵이 1만 근이었습니다. 그러니 나라의 1년 치 무기 제조에 들어가는 철의 10배나 되는 철을 석 달 동안 궁궐 짓는 데 허비했다는 말입니다. 이 정도면 북쪽에서 흥성해진 후금後金에 대한 방비는 이미 포기한 것으로 봐야 합니다.

사관은 앞의 인용문에 이어서, 이른바 영건도감의 낭청이라고 하는 자들부터 아래로 장인匠人들에 이르기까지 모두가 그럭저럭 시간을 보내면서 늠료廩料만 허비하고 있다고 지적했습니다. 공사는 끝날 기약이 없었고 골수까지 다 뽑아낸 백성들은 결국 자식을 내다 팔기까지 했습니다. 떠도는 자가 줄을 이었고 굶어 죽은 시체가 들판에 그득한 지경이 되었지요.

이런 상황에서 광해군은 명나라의 요청을 받아들여 심하深河 전투에 군대를 파병했습니다. 훈련도 없이, 장비도 제대로 갖추지 못한 상태에서 군사들을 사지로 내몰았습니다. 1619년광해군11 3월 17일, 강홍립姜弘立이 이끌고 출동한 조선 군대가 전멸하다시피 해 강홍립이 항복한 뒤에 사관은 이렇게 기록하였습니다.

> 이때 강홍립의 군대가 패전하여 수만 명의 백성이 쓰러져 죽어 갔으니, 군사를 징발하고 군량을 운송하여 강변으로 들여보내는 것이 당장의 급선무였다. 그런데도 밤낮으로 일삼는 것이라고는 오직 궁궐을 짓는 한 가지 일밖에 없었다.
>
> 벌목을 하기 위해 오가는 관원이 도로에 이어졌고 깊은 산속의 나무가 다 베어졌으며, 포를 거두라는 명령이 성화같아 백성의 힘이 고갈되었다. 구름에 닿을 정도로 웅장한 궁궐을 짓느라고 '영차, 영차' 하는 소리가 끊이지 않았고, 공사公私의 비축이 다 떨어져 관작官爵까지 팔았다. 어떤 극단적인 일도 마다하지 않고 마음과 힘을 다 기울였으니, 만약 궁궐을 짓고 보수하는 마음으로 나라를 다스렸다면 어찌 어지러워지거나 망하는 재앙이 있었겠는가?
>
> 『광해군일기』 11년 3월 17일

멀리 진시황까지 갈 것도 없이, 앞서 본 봉상왕, 의종, 충혜왕이 했던 어리석은 궁궐 공사를 광해군이 되풀이했던 것입니다. 그래서 그를 어리석은 임금 '혼군昏君'이라 부른 것입니다. 이는 도덕적인 문제이기도 했지만, 정책적인 문제이기도 했습니다.

백성에게 세금을 얼마나 거두어야 백성도 안정적인 삶을 유지하고 재정도 넉넉해질지에 대한 데이터와 정책적 판단도 없이 벌인 궁궐 공사와 같은 과대 소비 행위는 곧바로 재정과 민생에 위협 요소가 되었습니다. 그러므로 임진왜란 같은 큰 전쟁을 치른 광해군 때에는 토지 조사도 새로 하고 부역을 줄여서 민생과 재정이 회복되기를 기다리는 정책이 필요했습니다. 그런데 광해군은 정반대 행보를 이어갔던 것입니다. 자신만 쫓겨나고 마는 거면 무슨 상관이겠습니까만, 잘못된 판단으로 백성의 삶을 도탄에 빠뜨리고 나라가 위기에 처하게 만들었으니 문제인 것입니다.

나라가 망할 때는 반드시 조짐이 있다

앞서 '장본'에 대해 설명했거니와 편년체 역사서에도 어떤 중대한 사태가 발생할 경우 그 배경을 미리 은연중에 깔아 놓는 일이 있습니다. 나라가 망하기 전에 조짐을 알리는 사건을 배치하는 것처럼 말입니다. 같은 맥락에서 백제와 신라가 망할 무렵의 기사를 보겠습니다.

강 기미년(659) | 신라 태종 6년·고구려 왕王 장藏 18년·백제 왕 의자 19년 | 봄 2월. 백제의 왕궁에 여우가 들어왔다.

목 이때 여우 여러 마리가 왕궁에 들어왔는데, 흰 여우 한 마리가 상좌평上佐平의 책상에 앉았다. 태자궁에서는 암탉이 참새와 교미하고, 궁중의 회화나무가 마치 사람이 곡을 하듯이 울었다. 밤에는 궁의 남쪽 길에서 귀신이 곡을 하는 등 괴이한 일이 끊이지 않았다.

『동사강목』 제4상

강 경신년(660) | 신라 태종 7년·고구려 왕 장 19년·백제 왕 의자 20년 | (중략) ○ 2월. 백제 수도의 우물물과 사자하泗沘河가 피처럼 붉게 변

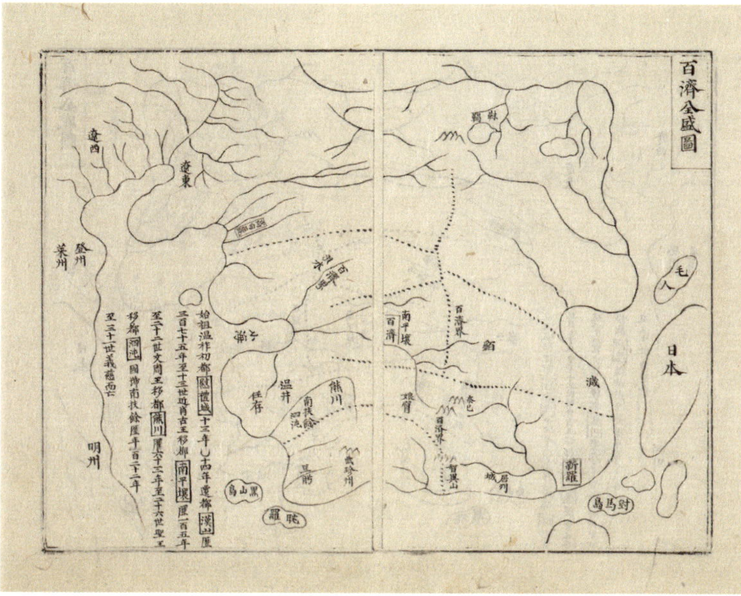

백제전성도百濟全盛圖

『동사강목』「권수卷首」 지도에 실려 있는 백제의 강역 지도입니다. 순암은 백제에서 일어난 여러 가지 괴이한 변고를 기술하여 나라가 망할 조짐이 있었음을 드러냈습니다.

하였다.

목 이때 백제에는 괴이한 변고가 많았다. 서해 가에서는 물고기가 떼로 죽었는데 백성이 다 먹을 수 없을 정도였고, 또 청개구리 수만 마리가 나무 위에 모여들기도 하였다. 수도의 백성 중에 누가 잡으러 쫓아오기라도 하듯이 겁을 먹고 달아나다가 뻣뻣하게 쓰러져 죽은 자가 1백 명이나 되었고, 헤아릴 수 없이 많은 재물을 잃었다. 또 검은 구름이 마치 공중에서 용이 싸우는 것 같은 형상을 하기도 했고, 사슴 같은 개가 사자하의 언덕에 와서 왕궁을 향하여 짖기도 하였다. 수도에 있는 개들이 길에 모여서 울기도 하고 짖기도 하였으며, 귀신이 왕궁에 들어와서 크게 "백제는 망하리라, 백제는 망하리라." 외치고는 이내 땅속으로 들어가 버리기도 하였다. 왕이 사람을 시켜 땅을 석 자 파 보니 거기에서 거북이 한 마리 나왔는데, 그 등 위에 "백제는 둥근달 같고 신라는 초승달과 같다."라는 글자가 있었다. 무당이 이것을 두고,

"둥글다는 것은 가득 찬 것이니 곧 이지러지고, 초승달은 아직 덜 찬 것이니 앞으로 점점 성하게 된다는 의미입니다."

라고 풀이하였다. 그러자 왕이 그를 죽였다. 다른 사람은 이를 두고,

"'둥근달과 같다.' 함은 성대한 것이고, '초승달과 같다.' 함은 미약한 것이니, 생각건대 우리 백제는 성대하고 신라는 미약하다는 의미인 듯합니다."

라고 풀이하였다. 그러자 왕이 좋아하였다.

『동사강목』 제4상

강 정해년(927) | 경애왕 4년·왕 김부金傅 원년 ○ 견훤 36년·고려 태조 10년 |

(중략) 12월. 견훤이 고려에 문서를 보내 화친을 요청하였다.

목 견훤이 보낸 문서와 고려의 답서 (생략)

안 신라가 망한 것은 오로지 총애받는 신하들이 권력을 남용하여 기강이 문란해지고 해이해졌기 때문이지, 걸주와 같은 포악한 군주나 진秦나라와 같은 실정失政이 있어서가 아니다. 궁예와 견훤이

이때를 틈타서 난리를 일으켜 참람하게 왕이라 칭하고 국토를 훔쳐 차지하였으니, 그 죄가 참으로 하늘에 닿을 정도였다. 하지만 고려 태조가 궁예를 대신하여 왕이라 자칭한 것 또한 반역죄를 저지른 것이니, 애석한 일이다.

그러나 그의 충심은 왕실을 높이 섬기는 도리를 알았기 때문에 도적 견훤의 난리에 친히 군사를 거느리고 들어가 구원하였고, 또 장수를 보내어 주둔하게 하였다. 그가 견훤에게 답장한 글에 이르기를 "금성金城 신라의 수도이 곤경에 처하고 황옥黃屋 임금이 크게 놀라게 될 줄 어찌 생각이나 했겠는가? 의리상 주나라를 높인 것은 비록 제 환공이나 진 문공의 패도와 비슷하지만, 기회를 틈타 한漢나라를 도모한 것에서는 오직 왕망王莽과 동탁董卓의 간사함만 보일 뿐이다."라고 하였다. 또 "나는 왕실을 높이려는 뜻이 간절하다."라고 하였고, 또 "매가 참새를 쫓듯이 할 수 있는 노력을 다하려고 한다."라고 하였다. 그 말이 이와 같았으니, 분명 왕의 도성을 핍박하고 왕의 궁궐에 거처하려 하지는 않았을 것이다.

이때 신라의 임금과 신하가 만약 기운을 떨치고 정신을 가다듬고서 고려의 구원을 얻어 덕 있는 정사를 닦아 밝히고, 어질고 유능한 인재를 발탁하여 회복할 계책을 마련했다면, 국운을 조금이라도 더 연장할 수 있었을 것이다. 그런데도 우물쭈물하며 무엇 하나 제대로 하지 못하고 속수무책으로 망해 갔으니, 어찌 통탄하지 않을 수 있겠는가?

『동사강목』 제5하

언제나 그렇듯이 무능한 정치권력의 주변에는 거기에 기대어 사사로운 욕심을 채우려는 자가 넘쳐 납니다. 근거 없는 비방과 참소讒訴가 횡행하기도 하고, 모함과 시기가 끝없이 이어집니다. 역사는 어떻게 해야 정치가 맑아지는지에 대한 많은 경험을 제공해 줌으로써 반면교사가 되어 줍니다. 순암이 이런 점을 놓칠 리가 없지요.

강 을사년(945)|혜종 2년| (중략) 가을 9월. 왕이 훙薨하고, 아우 요堯가 즉위하였다.

목 왕의 병이 위독하였는데 신하들이 들어가 뵙지 못하고 간사한 소인들만 곁에 있었다. 무신일15일에 중광전重光殿에서 훙하였으니 재위 2년이요, 향년 34세였다. 왕은 기개와 도량이 넓고 지혜와 용기가 남보다 뛰어났다. 왕규王規의 역모가 있은 후로는 의심하고 꺼리는 것이 많아서 늘 무장한 호위 무사에게 자신을 지키게 하였다. 기뻐하고 성낼 때 절제가 없어 소인배가 모여들었고, 장수와 병졸들에게 포상할 때 절도가 없어서 내외에서 불평하고 원망하였다. 시호는 의공義恭이요, 묘호는 혜종이다. 왕은 두 아들을 두었는데 태자인 제濟와 흥화군興化君이 모두 나이가 어렸다. 신하들이 왕의 아우인 요를 받들어 즉위하게 하니, 이가 정종이다.

최승로崔承老는 다음과 같이 말하였다.

"혜종이 오랫동안 동궁에 있으면서 많은 정무 경험을 쌓았으며, 사부師傅를 예로써 높이고 빈료賓僚 왕세자의 교육을 담당하던 관료를 잘 대접하여 아름다운 명망이 조정과 민간에 자자하였다. 처음 즉

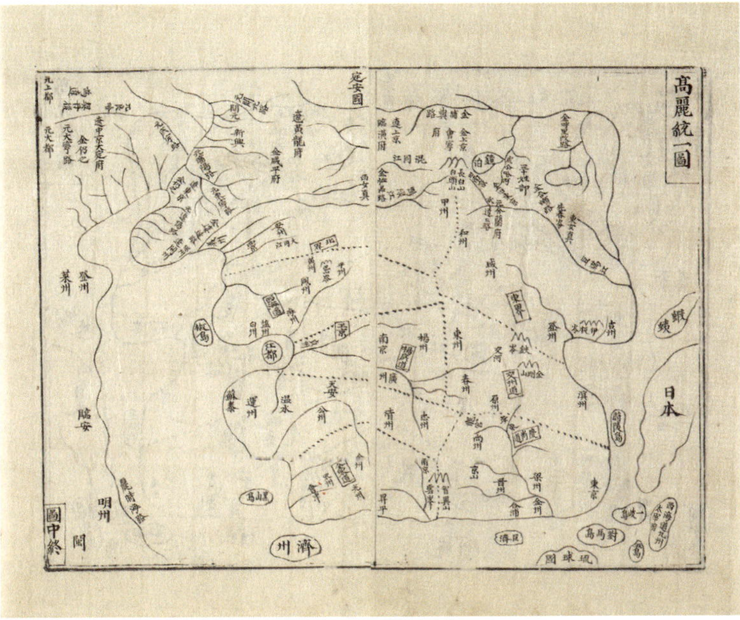

고려통일도高麗統一圖

『동사강목』「권수」 지도에 실려 있는 고려의 강역 지도입니다. 순암은 고려 태조 왕건이 후삼국이 대치할 때에 충심으로 신라 왕실을 섬기는 도리를 알았다고 평하였습니다.

위했을 때는 모두 기뻐했으나 이윽고 덕 있는 정치를 닦지 않아서 임금의 체통을 크게 잃었다. 병이 계속되자 성내는 것이 날로 심해져서 재위한 3년 동안 백성이 덕을 입지 못하였으니 얼마나 통탄할 일인가?”

이제현李齊賢은 다음과 같이 말하였다.

“왕규가 왕의 두 아우를 참소한 것은 곧 우보羽父가 노 환공魯桓公을 시해하기를 청한 것과 같은 뜻이었다. 그런데도 혜종이 그를 벌

이제현 초상李齊賢肖像

1319년 충숙왕과 함께 원나라에 갔을 때 원나라 화가가 그린 초상화입니다. 이제현은 고려 말의 명재상이자 명문장가로, 왕명을 받고 실록을 편찬하기도 하였고 『사략』이라는 역사책을 쓰기도 하였습니다. 순암은 혜종이 두 아우를 참소한 왕규를 벌주지 않은 데 대해 비판한 이제현의 사론史論을 인용하였습니다.

주지 않고 도리어 옆에 있게 하였으니, 소매 속에 칼을 감추고 벽 뒤에 숨었다가 죽이려는 음모를 꾸미는 일을 면한 것만도 다행이라 하겠다. 그때는 태조가 세상을 떠난 지 얼마 되지 않은 때라 왕규가 의롭지 않은데도 저 한나라의 조조曹操나 위나라의 사마의司馬懿처럼 인심을 얻었던 것인가? 그를 귀양 보내거나 죽이지 못한 것은 무엇 때문인가? 아아, 소인을 멀리하는 것이 이렇게 어려운 일이니, 경계하지 않을 수 있겠는가?"

안 혜종은 왕규가 참소하고 난리를 꾸몄을 때 곧바로 분명한 결단을 내려서 죄를 바로잡았어야 했고, 훈척 대신勳戚大臣은 왕규를 죽이지 않기로 결정했다면 귀양을 보내거나 금고禁錮라도 시켜서 화란의 뿌리를 뽑았어야 했다. 그런데도 덮어 주고 미봉하기만 할 뿐 악행이 더욱 심해져 임금을 죽이려 했는데도 문책하지 않았으니, 악한 짓을 하는 자를 무엇으로 징계하겠는가? 임금의 도는 강건하고 밝은 것을 귀하게 여긴다. 역사서에 혜종이 기개와 도량이 넓다고 되어 있는 것은 그가 유약하다는 것을 이렇게 말했을 뿐이다. 부상한 호위 무사를 두어 지키게 하고, 절도 없이 상을 준 것은 아마도 그들의 환심을 사서 왕의 편으로 만들어 왕규의 간사함을 막으려는 것이었으리라. 혜종이 아무리 나약해도 임금이고, 왕규가 아무리 강해도 신하이다. 군신의 명분이 여전히 존재하는 데다 이렇게 해야 할 정도로 세력이 없는 것도 아니지 않는가? 이때에는 박술희朴述熙·박수경朴守卿·왕식렴王式廉 같은 노년의 신하와 경험 많은 장수가 살아 있었으니, 이들과 함께 일을 도모했어야 했다. 내가 그 운명을 결정할 수 있었다면 그를 베어 왕법을 바로잡을 수 있었을 것이다.

『동사강목』 제6상

환관의 폐단을 지적하다

옛날부터 간신은 권력을 잡으면 정통성 있는 임금이라도 능멸하는 법입니다. '지록위마指鹿爲馬', 곧 사슴을 가리켜 말이라고 했다는 고사로 널리 알려진 조고趙高의 경우를 보면 잘 알 수 있습니다.

진나라 이세二世가 즉위한 뒤 환관 조고를 낭중령郎中令으로 삼았습니다. 간신이 장차 그 나라를 도둑질하여 가지려고 할 때는 반드시 과도한 놀이로 군주의 정신을 흐리게 하고 지나친 즐거움에 빠지게 함으로써 심술心術을 좀먹게 한 뒤에 자기의 뜻을 실행에 옮기지요. 조고는 반란을 일으키려고 하였으나 신하들이 듣지 않을까 두려웠습니다. 그래서 먼저 사전 조사를 하고자 사슴을 끌고 와서 이세에게 바치며 말하였습니다.

"말입니다."

이세가 웃으며,

"승상이 잘못 말했소. 사슴을 보고 말이라니요?"

하면서 주위에 물었더니, 어떤 사람은 대답하지 않았고, 어떤 사람은 말이라고 하여 조고에게 아부하며 따랐습니다. 더러 사슴이라고 한

내시內侍
19세기 말에 기산箕山 김준근金俊根이 그린 풍속화로, 제목은 번을 서는 내시의 모습이라는 뜻의 '입번 내시 모양'입니다 내시 곧 환관은 임금 가까이에서 시중을 들거나 근무하다 보니 임금과 교분을 맺기 쉬웠습니다. 그리고 정치에 나쁜 영향을 주는 경우도 많았습니다. 순암은 정치 운영이 공적으로 이루어져야 함을 강조하는 차원에서 환관의 폐단을 특별히 기록하였습니다.

자도 있었으나, 조고는 나중에 사슴이라고 말했던 사람을 몰래 음해하였습니다. 이 일로 신하들은 모두 조고를 두려워하게 되었습니다. 이렇게 해서 '지록위마' 고사가 나오게 된 것입니다.

순암이 환관의 전횡에 대해 주목한 것도 이유가 있었습니다. 이어서 고려 시대 환관의 폐단에 관한 기사를 세 가지 보겠습니다.

강 신미년(1151) | 의종 5년 | (중략) 여름 4월. (중략) ○ 환관 정함鄭諴을 합문지후閤門祗候로 임명했다가 이윽고 파면하였다.

목 왕이 정함을 정7품 내전숭반內殿崇班으로 임명하였다. 왕이 연회를 하려는데 우간의右諫議 왕식王軾이 1품이 두르는 서각대犀角帶를 찬 정함을 보고 대간의 관원을 꾸짖었다.

"이런 일을 보고도 탄핵하지 않으니, 대관은 눈이 없는 자들이다."

그러자 어사잡단御史雜端 이작승李綽升이 성난 얼굴로 말하였다.

"우리가 탄핵하지 않을지 그대가 어찌 알고 그러는가?"

그리고 곧 대리臺吏 이분李份을 시켜 그 각대를 빼앗게 하였다. 정함이 임금 하사품이라며 빼앗기지 않으려 하자, 이분이 억지로 빼앗았다. 정함이 왕에게 호소하자 왕이 크게 노하여 내시 이성윤李成允에게 명해 이분을 잡게 하였으나, 이분이 어사대御史臺로 뛰어 들어갔다. 이에 다른 대간 민효정閔孝旌을 잡아와서 궁성소宮城所에 가두었다. 왕이 언짢아서 연회를 해산하고 차고 있던 서각대를 풀어서 정함에게 주었다. 곧이어 정함에게 임시로 합문지후를 맡아보게 하였다. 어사대 관원들은 환관을 조관朝官에 임명하는 일은 옛 제도에 없다고 간쟁하였으나 들어주지 않았다. 어사대 관원들이 나와서 집무하지 않자 왕이 관원들을 불러 정함을 지후에 임명하는 명령서를 이미 거두었노라며 타일렀다. 그러자 어사대 관원들이 인사하고 물러났다.

정함이 이를 원망하여 은밀하게 산원散員 정수개鄭壽開에게 일러 어사대와 이분 등이 대령후大寧侯 경暻을 왕으로 추대하려 한다고 모함하게 하였다. 그러나 심문해 보니 사실이 아니어서 정수개를 자자刺字 이마에 죄를 새김하여 유배 보냈다. 재상과 간관이 함께 아뢰었다.

"정함이 사사로운 원한으로 어사대 관원을 모함하였으니 그 죄를 용서할 수 없습니다."

정함을 처벌할 것을 계속해서 주청하자 정함을 파면하고 쫓아냈으나, 곧 소환하여 다시 내시에 임명하였다.

원래 예종이 사대부가 내관과 어울리는 것을 금지하였으나, 이때에 와서는 내관이 권력을 장악하고 사대부가 내관과 어울리느라 바쁘다 보니 금지령이 점점 해이해졌다.

정인지鄭麟趾는 다음과 같이 말하였다.

"고려의 내시는 본래 천한 종이다. 궁중의 일을 맡아보게 할 뿐 조회에 참여할 수 있는 참관參官을 맡기지 못하도록 한 것은 깊이 생각한 일이다. 정함이 합문지후가 되자 재상과 대간이 꿋꿋하게 간쟁하며 왕의 뜻을 따르지 않았으니, 대체로 선왕의 유풍遺風이 아직도 있어서였나."

『동사강목』 제9상

강 경술년(1310)|충선왕 2년| (중략) 9월. (중략) 환관 이대순李大順 등 15명을 군君으로 삼았다.

목 이대순·김독만첩고사金禿萬帖古思·김역라올탑金亦剌兀塔·전살리全撒里·이숙李淑·방신우方臣祐·박아불화朴阿不花·이백첩목아李伯帖木兒·유창록劉昌祿·최흔장崔欣莊·정매살鄭買撒·이신李信·권고리權古里·임백안독고사任百顏禿古思·이삼진李三眞 등 15명을 군으로 삼았는데, 모두 우리나라의 천한 종들이었다.

이에 앞서 제국 공주齊國公主가 내시 몇 명을 원 세조元世祖에게 바쳤다. 이 내시들은 내실에서 황제를 모시고 내탕고內帑庫 군주의 재물 창고의 출납 일을 맡아 하였다. 조칙을 받들고 온 원나라 사신은 내시 집안의 부역을 면제하고 친족을 벼슬시켜 주는 등 지극히 후한 대접을 해 주었다. 그러자 요행을 바라는 무리가 서로 부러워하며 따라 배워 아비가 아들을 거세하고 형이 아우를 거세하였으며, 또 포악한 자 중에는 조금이라도 분하고 원통한 일이 있으면 스스로 거세하는 사람까지 나왔다. 이리하여 수십 년이 채 안 되어 거세한 자가 매우 많아졌다.

원나라의 정세가 점차 문란해지면서 성종成宗 때부터는 아예 이런 무리 중 어떤 자는 대사도大司徒 벼슬을 하기에 이르렀고, 어떤 자는 평장사平章事에 제수되었으며, 그다음 가는 자들도 모두 원사院使가 되었다. 저택, 수레, 복식이 분에 넘쳐 경상卿相에 비견될 정도여서 부귀와 영예를 누리기로 유명한 한남漢南의 내시들도 따를 수 없을 정도였다.

그러다 보니 고려에서는 원나라에 주청奏請할 일이 있을 때마다 반드시 내시들의 힘에 의지하곤 하였다. 그런 까닭에 충렬왕 때에 이미 군에 봉해진 자가 있었다. 이때에는 왕이 오랫동안 원나라에 머물며 황제·황후·태후의 궁에 자주 출입하면서 이들과 서로 친해져 청탁하는 일이 많이 있었다. 그러다 보니 왕이 그 가운데서 가까이하고 총애하는 자를 골라 군에 봉하고 벼슬을 내렸던 것이다. 그 결과 옛 제도가 모두 무너지고 거세한 자국이 채 아물지도 않은 자까지 본국을 우습게 보게 되었다. 임백안독고사·방신우·이대순·우산절禹山節·이삼진·고룡보高龍普 같은 자는 모두가 모국을 헐뜯고 재앙을 불러일으킨 간사한 무리였다.

최부는 다음과 같이 말하였다.

"고려에서는 환관이 조회에 참여할 수 있는 참직參職에 임명되는 것을 허락하지 않았고 외정外政에 관여하지 못하게 하였다. 한나라나 당나라보다도 훨씬 더 엄격하게 나라 안을 다스려 광패狂悖한 의종이나 어리석고 용렬한 고종까지도 국법을 지키고 감히 가벼이 고치지 못하였다. 쇠퇴한 세대였음에도 아름다운 일이라 할 수 있지 않겠는가? 원종 이후로 옛 제도를 고치면서 인재를 등용하는 것이 법도에 어긋나게 되었는데, 이때에 이르러 환관 15명을 같은 날 군에 봉하였으니, 역대 왕이 대대로 전해 온 법이 빗자루로 쓸어 낸 듯 깨끗이 사라져 버렸다. 옛날 한 환제漢桓帝가 같은 날 환관 5명을 후侯에 봉하였다 하여 후세의 비난을 받았는데, 하물며 하루에 15명씩이나 군에 봉하였으니 말해 무엇 하겠는가?"

『동사강목』 제13상

강 경신년(1380)|전 폐왕 우 6년| (중략) ○ 8월. (중략) 성 남쪽에서 사냥하였다.

목 우禑가 어린 나이에 즉위하였지만 성품이 영민하여 날마다 서연書筵을 열자, 사람들이 모두 장차 훌륭하게 될 거라고 기대하였다. 그러나 나이가 들면서 점점 경박해지고 지나치게 놀기 좋아하여

평양도平壤圖 중의 석전石戰 장면

조선 시대에 평양의 전경을 그린 열 폭 병풍 속에 들어 있는 석전 풍경입니다. 고구려 때 시작된 석전은 조선 시대에 와서 전국적인 풍습이 되었는데, 평양 지방 석전이 가장 규모가 크고 치열하였다고 합니다. 순암은 석전을 구경하고 싶어 했던 고려 우왕의 기록을 전하면서 석전에 관한 자세한 설명을 덧붙였습니다.

임금으로서의 체통을 찾아볼 수가 없게 되었다. 재미 삼아 자주 사냥을 나가면서 직접 말을 몰아 곡식을 짓밟았다. 이인임李仁任과 최영崔瑩이 그러지 못하도록 간언했지만 듣지 않았다.

환관 이득분李得芬과 김실金實을 수성 원수守城元帥로 삼고, 자신이 직접 활과 화살을 차고 어깨에 매를 얹고 나갔다. 어린 내시들에게 오랑캐 노래를 부르고 오랑캐 피리를 불게 하였고, 거문고를 타고 북을 치며 따르게 하였다. 이렇게 하기를 5일 동안이나 계속하였다. 이 뒤로 거리에 나가 놀면서 매일같이 개와 닭을 활로 쏘아 죽이자 도성 안에서 개와 닭이 거의 다 없어졌다.

임치林樴 등과 함께 참새를 잡아 막대에 꿰어 담장 밑에서 구워 먹었고, 후원에 나가 말을 풀어 놓고는 말을 잡는 신하에게 상을 주었다. 소인배와 후원에서 말을 달리며 스스로 올가미를 던져 말을 옭아매는 등 못하는 짓이 없었다. 활쏘기 연습을 할 때에는 이존성李存性의 갓을 가져다 표적으로 쓰기도 했다.

어사대 관원 백군녕白君寧과 권근 등이 글을 올려 극진히 간언하고 주색에 빠져 정사를 돌보지 않다가 폐위된 한나라 창읍왕昌邑王의 일을 인용하면서 경계했지만 우가 받아들이지 않았다. 이해 단오에 우가 석전石戰을 구경하려 하자, | 나라 풍속에 단옷날 무뢰배가 떼를 지어 네거리에 모여서는 두 패로 나뉜 뒤, 기왓장으로 서로 공격하기도 하고 뒤섞여서 짧은 몽둥이로 쳐서 승부를 가리기도 했는데, 이를 석전이라 한다. | 이존성이 이를 간언하였다. 그러자 우가 불쾌해하며 어린 내시들을 시켜 이존성을 구타하고, 탄환을 가져와 쏘기도 하고,

후원에 몰래 함정을 파 놓고 일부러 그를 빠뜨리기도 했다. 날마다 이런 일을 일삼았다.

『동사강목』 제16상

순암이 환관의 폐단을 특별히 기록할 때 염두에 두었던 것은 공사명변公私明辨, 즉 정치 운영에서 공적 질서를 수립해 나가는 것이었습니다. 그러기 위해서는 공적인 기구인 정치 제도를 운영할 군자, 즉 덕과 행정 능력을 갖추고 사심 없이 국정을 운영할 수 있는 인재를 선발하는 것이 급선무였습니다. 동시에 소인을 미리 국정에서 차단해야 했지요.

권신과 외척에게 권력이 집중됨으로써 정치 운영에서 사정을 봐주는 일이 개입하거나 권력이 사유화되는 것을 막아야 했습니다. 이는 정치가 합리적 원리 속에서 움직이는 것이 제도화되는 것을 말합니다. 이때 환관의 경우, 최고 권력자인 군주와 사적인 교분을 맺을 여지가 크므로 환관이 정치에 개입하는 것을 경계하였다고 할 수 있습니다.

순암은 고려에서는 환관이 조회에 참여하거나 외정에 관여하는 것을 허락하지 않았다고 했고, 내치가 엄격하기로는 한나라와 당나라를 넘어설 정도라고 보았습니다. 조선에서도 환관의 정치 개입을 제도적으로 금지하였는데, 그런 엄격한 전통도 고려의 정치가 공적으로 운영되었다고 판단해서인 듯합니다. 이런 점은 환관의 전횡이 심심치 않게 벌어졌던 중국의 경우와 대비되는 전통입니다.

형정刑政의 운용을 말하다

강 경술년(1190)|명종 20년| (중략) ○ 가을 8월. 나라 안의 사형수를 감하여 섬으로 나누어 귀양 보냈다.

목 고려의 형정은 대체로 관대하였는데 명종 때에 특히 더했다. 사노비 평량平亮은 전에 평장사平章事 김영관金永寬의 종이었다. 집이 부유하여 권세 있는 신하에게 뇌물을 주고 노비를 벗어나 산원동정散員同正이 되었다. 그의 아내 소감少監은 왕원王元의 계집종이었다. 평량은 천한 신분이었다는 사실을 지우려고 왕원 일가를 죽이고 제 아들을 위하여 판관判官 박유진朴柔進의 딸을 며느리로 삼았다. 이 일로 어사대에서 그를 잡아 국문하고 귀양 보냈다.

안 형벌이란 정치를 돕는 도구이다. 성인이 오형五刑을 밝혀 오교五教를 도왔다. 비록 순舜이 임금이 되고, 고요皐陶가 사士 옥송獄訟을 담당하는 관원가 되더라도 백성이 죄를 짓지 않게 할 수는 없다. 그렇기 때문에 형벌을 공표하여 무엇을 두려워하고 피해야 할지 알게 하고, 죄를 지은 자에 대해서는 정황을 살펴 가벼운 벌이든 무거운 벌이든 반드시 내린다는 데에 의심의 여지가 없게 하였다. 그리하여 백성이 중도를 지켜 형벌 없는 세상까지 기약할 수 있게 하였다.

고려의 형법은 대체로 너무 관대하다는 문제가 있으나, 태조가 잔인하고 포학했던 궁예의 뒤를 이어 왕이 되었기 때문에 포학을 관용으로 대신한 것은 때에 알맞은 조치였다. 그러나 후대에 와서 고식적인 태도를 인仁으로 여기고 자주 용서하는 것을 은혜로 여기다 보니, 찬탈하고 시해한 자의 죄를 묻지 않고, 참소하고 비방한 자의 죄를 다스리지 않고, 살인자를 사형하지 않아 간사하고 흉악한 이가 조정에 발붙이게 되고, 저잣거리와 동네의 불량배가 마음먹은 일을 제멋대로 할 수 있게 되었다.

평량과 같은 자들은 천한 신분으로 귀한 사람을 능멸하고 노예로서 주인을 죽였으니, 용서할 수 없는 죽을죄를 지은 것이다. 그런데도 내린 벌은 그저 귀양 보내는 데에 그쳤다. 나라의 기강이 이와 같으니 아무리 망하지 않으려 한들 망하지 않을 수 있겠는가? 세상의 임금들은 국가가 쇠퇴한 시절에는 형벌과 시상이 중도에 맞는지를 더욱 신중히 판단해야 할 것이다.

『동사강목』 제9하

원래 형정에 대한 논의는 『서경』 「순전舜典」에 나옵니다. 순 임금이 관직을 임명할 때 "먼저 곡식을 파종하는 직책을 임명하고, 다음에 가르침을 펴는 직책을 임명하고, 그 뒤에 형벌을 맡은 직책을 임명하였다."라고 했습니다. 백성의 몸을 부양하고 나아가 백성의 마음까지 기르는 것이 우선이며, 형벌은 부득이한 경우에 쓰는 것입니다. 먹고사는 것과 배움을 충족시키지 않고 형벌로 다스리는 것은 '망민罔民', 즉 백성을 죄에 얽어 넣으려고 그물질하는 짓이라고 보았습니다. 그러므로 유가 정치의 우선순위는 다음과 같습니다.

먹고사는 것 > 배움 > 형벌

유가 사회에서 또는 조선 사회에서 '법'은 사회 질서를 유지하는 방식으로서 일차적 관심 대상이 아니었다는 점이 중요합니다. 공자가 "행정 명령이나 규제를 통하여 인민을 이끌고, 형률을 통하여 질서를 유지하려고 하면 인민들은 그 규제나 형률을 모면하려고만 하지 잘못에 대한 부끄러움을 모르게 된다. 덕德으로 이끌고, 예禮로 질서를 유지하면 인민들은 부끄러움을 알고 바르게 된다."라고 했던 말이 형정의 기본 원칙으로 작용했습니다.

'법치'라는 관념이 가장 훌륭한 미덕이 된 시대에 사는 우리가 가장 당혹스런 대목이 이 부분이 아닐까 합니다. 아주 어렸을 때로 기억하는데, 당시 아무 데서나 길을 건너 교통 법규를 위반하면 법규를 위반한 사람을 새끼줄을 친 구역에 얼마간 세워 두었다가 풀어 주는 처벌을 시행한 적이 있습니다. 영국 어떤 전철역에서도 무임 승차자에게 벌금을 부과하는 대신 전철역에다 그 사람의 이름을 적어 놓았다고 하니 사람들 생각이 비슷비슷하지요?

공자가 한 제안은 돈 내고 홀가분해지도록 벌금을 내게 하는 방식보다 잊어버린 부끄러움을 되살려 내는, 새끼줄을 친 구역에 세워 두는 방식에 가깝습니다. 이런 방식에는 법보다 인정이 사회 질서를 유지하는 데 바람직하다는 생각이 들어 있습니다. 예는 인정이 구체적인 상황 속에서 표현되는 것이기 때문입니다. 요즘은 새끼줄 친 구역에 세워 두는 방식으로 통제한다면 인권 침해 논란이 있을지도 모르겠습니다.

강 경진년(1220)|고종 7년| 봄 정월. (중략) ○ 정방보鄭邦輔·문유필文惟弼이 죄가 있어 지방직으로 좌천되었다.

목 이때에 평장사 정방보와 문유필은 다 최충헌崔忠獻에게 아첨하고 한없이 재물을 탐하였다. 그 밖에 안영린安永麟·유비柳庇·문준필文俊弼·이정수李貞壽·최수웅崔守雄·이세분李世芬·고세림高世霖·홍문서洪文叙·이윤공李允恭·최효전崔孝全·송자공宋自恭·이원미李元美·최밀崔謐 등도 최충헌에게 뇌물을 주어서 안찰사按察使가 되기도 하고, 분대分臺 감찰어사가 되기도 하고, 큰 고을의 수령이 되기도 하여 백성의 고혈膏血을 빨아먹었는데도 사람들이 감히 아무 말도 못하였다. 이때에 의주 선유사義州宣諭使 조염경趙廉卿이 돌아와 말하였다.

"의주에서 반란을 일으킨 백성 50여 명이 가주嘉州|오늘날의 가산嘉山이다.|에 와서 '병마사兵馬使 조충趙冲·김군수金君綏·정공수丁公壽 등은 청렴하고 백성을 사랑하나, 나머지 사람은 다 탐욕이

많고 잔악하여 백성이 그 고통을 견딜 수가 없어서 반란을 일으켰다.'고 하였습니다."

이 말을 들은 최우崔瑀는 안영린 등 13명을 여러 섬으로 나누어 귀양 보내고, 정방보를 안동 부사安東副使로, 문유필을 안서 부사安西副使로 좌천시켰다. 그러자 뇌물을 탐하는 풍조가 조금 사라졌다.

안 벼슬아치가 뇌물을 탐하는 근본 원인은 두 가지다. 하나는 총애받는 신하가 권세를 부리는 것이요, 하나는 권력 잡은 신하가 명령을 독단하는 것이다. 그래서 의종·명종이 임금이 되었을 때 뇌물이 관청에 넘쳐 났고, 최충헌이 신하가 되어서는 관리의 파면이 그의 집에서 사사로이 행해졌다. 무능한 무리가 조정에 떼로 등용되고, 어진 선비는 침체되어 버림받아서 마침내 백성은 흩어지고 나라는 꼴이 말이 아니었다. 강도나 살상 따위는 사소한 죄라도 용서하지 않으면서 재물을 탐하는 벼슬아치가 국법을 어겨 온 나라가 해를 입는데도 그냥 내버려 두고 문책하지 않은 것은 무슨 까닭인가? 통탄할 일이다.

명나라 사람 곽도霍韜가 말하였다.

"재물을 탐하는 벼슬아치가 서울에 와서 대신에게 은銀 천 냥을 뇌물로 바쳤다면 지방에서 백성의 돈 수만 냥을 긁어낸 것이고, 무신武臣이 대신大臣에게 뇌물로 은 만 냥을 바쳤다면 지방에서 군사의 고혈 수만 냥을 긁어낸 것이다. 이는 백 배의 뇌물을 사사로이 챙기고는 곱절의 이익만을 대신에게 뇌물로 주는 것이다. 이를 통해 명성과 칭찬을 사고 지원을 받아, 승진하고 발탁되거나 조사를 늦추게 하여 반드시 자리가 보전되도록 하는 것이다."

뼈를 찌르는 말이다. 이것을 다스리지 않으면 망하지 않는 나라가 없을 것이다. 그러면 그것을 어떻게 다스릴 것인가? 반드시 법을 엄하게 하여 죄가 무거운 자는 반드시 죽여 없애고 집안 재산을 몰수해야 한다. 추천하여 등용하게 한 재상도 반드시 뇌물을 준 자와 같은 수준으로 처벌해야 한다. 그다음에 청렴하고 겸손한 사람을 등용하고 사치스러운 풍습을 없앤다면 잘 다스려질 것이다.

『동사강목』 제10하

순암은 동시에 권력을 가진 신하들에 대해서는 다른 형정의 원칙을 요구하였습니다. 백성에게는 너그럽게 해야 하고, 먹고살 수 있게 해 주어야 하며, 가르치지 않은 상태에서 형벌을 시행하는 것은 정당하지 않다고 보았습니다. 하지만 권력을 잡은 신하들에게는 엄격한 법 기준을 적용해야 한다고 보았습니다. 왜냐하면 곽도의 말처럼 "대신에게 은 천 냥을 뇌물로 바쳤다면 지방에서 백성의 돈 수만 냥을 긁어낸 것이고, 무신이 대신에게 뇌물로 은 만 냥을 바쳤다면 지방에서 군사의 고혈 수만 냥을 짜낸 것"이기 때문입니다.

국왕과 세자의 관계를 헤아리다

이제 절대 권력을 사이에 둔 국왕과 세자의 관계에 대한 기사를 보겠습니다. 명종과 충렬왕의 사례를 뽑아 보았습니다.

강 을묘년(1195)|명종 25년| (중략) ○ 여름 4월. 태자가 조회하였다.

목 천희절天禧節에 태자가 하례를 받고 조회하였는데, 왕이 백성들 사이에 떠도는 말에 대해 물으니, 대답하였다.

"사람들이 모두 신을 늙은 태자라고 비웃습니다."

그러자 왕이 말하였다.

"과인이 오래 사는 것 역시 허물이로다."

이 말을 들은 태자의 얼굴색이 변했다. 태자는 왕의 장수를 기뻐하는 뜻에서 한 말이었지만, 이 말이 의심을 살 만하고 피해야 할 말임을 느꼈기 때문이다.

안 송나라 진종이 태자가 되니, 도성 백성이 소년 천자라고 하였다. 태종이 이를 듣고 언짢아서 말하였다.

"인심이 갑자기 태자에게 돌아가니 장차 내 처지는 어떻게 될 것인가?"

역사서를 읽다가 이 대목에 이르러 나도 모르게 책을 덮고 탄식하였다. 제왕의 지위란 지극히 존귀한 것이다. 그러므로 항상 이를 잃을까 두려워하고 늘 남이 넘볼까 두려워한다. 비록 부자같이 친한 사이라 하더라도 의심이 없을 수 없다. 의심이 생겨서 아비와 자식이 서로 해치는 지경에 이르는 경우도 있다. 『예기禮記』에 "부모가 살아 있으면 늙었다는 말을 결코 입에 올리지 않는다." 하였다. 지금 태자의 말이 한번 실수한 것에 지나지 않는데도 왕이 이와 같이 말하니 어찌하겠는가? 심히 두렵다.

『동사강목』 제9하

강 무자년(1288)|충렬왕 14년| (중략) 가을 7월. (중략) 환관 최세연崔世延·도성기陶成器가 죄를 지어서 그들을 섬에 유배 보냈다.

목 최세연은 남의 노비를 빼앗아 세자의 눈 밖에 났는데, 거기다 사나운 개들을 많이 기르다 사람이 개에 물려 죽는 일까지 벌어지게 하였다. 정화 궁주貞和宮主가 소문을 듣고 사나운 개를 기르지 말라고 명령하였더니, 최세연이 소리를 버럭 지르며 말했다.

"궁주는 앞으로 얼마나 더 살려고 내가 개 기르는 것까지 못하게 합니까?"

세자가 크게 노하여 면전에서 꾸짖었으나, 최세연은 불손한 태도로 항변하였다. 세자는 왕에게 아뢰었다.

"최세연이 못된 짓을 많이 하여 온 나라에 해독을 끼치고 있으니 멀리 쫓아내어 그 죄를 다스리소서."

최세연은 인후印侯를 아비로 받들었는데, 왕이 인후의 말을 듣고 난색을 보이자 세자가 울면서 요청하였다. 그러자 인후는 세자를 원망하였다. 세자가 인후를 꾸짖었다.

"재상의 배가 항아리처럼 큰데 그것은 모두 최세연이 바친 술과 고기로 채운 것이다. 너도 최세연과 같이 못된 짓을 했으니 똑같은 형틀 위에 올려놓아야 할 것이다."

이 말을 들은 궁주도 크게 분노했다. 최세연에게 장형杖刑을 실시하고 도성기와 함께 먼 섬에 유배 보냈다. 그러나 얼마 되지 않아 다시 불러들였다.

『동사강목』 제12하

강 **을미년(1295)|충렬왕 21년| (중략) 8월. (중략) ○ 세자 원源을 판도첨의밀직감찰사사判都僉議密直監察司事로 임명했다가 얼마 안 돼 판중군사判中軍事로 임명하였다.**

목 세자가 도첨의사都僉議司에서 사무를 보고 왕에게 조회를 드리러 가는데 백성이 길을 가로막고 말을 붙잡으면서 억울함을 하소연하여 말이 앞으로 나아가지 못하였다. 세자는 그들의 하소연을 모두 받아 주었다. 이것은 당시의 권력층이 백성의 토지와 노비를 강탈하는데도 담당 관리가 해결해 주지 못해서 생긴 일이었다.

최부는 다음과 같이 말하였다.

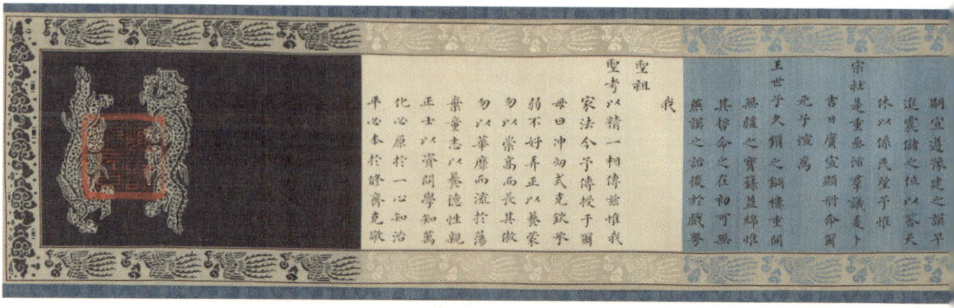

"세자는 임금인 아버지의 식사를 살피고 문안을 드리는 것 외에는 아무것도 간섭해서는 안 된다. 이 당시에 충렬왕이 세자를 도첨의의 관리로 임명하여 사무를 처리하게 하였고, 충선왕은 세자로서 관료의 임명을 주청하고 백성의 억울한 소송을 받아들였으니, 이는 부자가 다 같이 잘못한 일이다. 나중에 결국 충렬왕이 세자를 폐하려 하고 충선왕은 아버지인 임금을 협박하고 견제하는 지경까지 이르렀는데, 부자가 서로를 해치는 재앙이 이미 이때부터 나

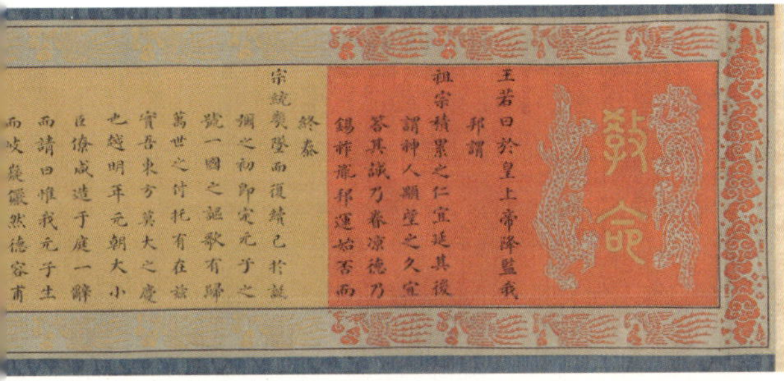

장조 왕세자 책봉 교명 莊祖王世子冊封敎命(상)과 죽책竹冊(하)
1736년(영조12) 영조가 사도 세자를 왕세자로 책봉하면서 내린 교명과 죽책입니다. 영조와 영빈 이씨 사이에서 태어난 사도 세자는 태어난 지 1년 만에 왕세자가 되었으나 후일 영조의 명으로 뒤주에 갇혀 굶어 죽었습니다. 이후 영조가 아들의 죽음을 애도하여 내린 시호가 '사도'입니다. 사도 세자의 아들 정조는 생부生父의 시호를 '장헌 세자莊獻世子'로 바꾸었고, 고종은 '장조'로 추존追尊하였습니다.

타났다. 이는 『춘추』에서 말한 도리를 알지 못한 데서 기인한 것이니, 후대의 임금은 경계해야 할 것이다."

『동사강목』 제12하

순암은 제왕의 지위란 지극히 존귀한 것이어서 부자같이 친한 사이라 하더라도 정사에 간섭해서는 안 된다고 하였습니다. "권력은 부자 사이에도 나누지 못한다."라는 세간의 말을 순암이 대변하는 듯합니다. 그런데 과연 그렇게만 볼 수 있을까요?

흔히 권력의 비정함을 보여 주는 사례로 사도 세자思悼世子의 죽음이 많이 거론됩니다. 사도 세자가 뒤주에 갇혀 죽은 일은 '도저히 이해할 수 없는 사건'으로 받아들여지는 듯합니다. 그럴 만합니다. 아무리 아들이 잘못했다 해도 아버지가 아들을 뒤주에 넣어 죽인 일은 보통 사람의 상식으로는 이해할 수 없고 볼 수 없는 비극이기 때문입니다.

그런데 이 사건의 성격을 이해할 때 종종 빠지기 쉬운 함정이 있습니다. 바로 이 사태의 본질적인 원인을 권력의 비정함에서 찾으려는 시각입니다. 권력의 본질상 권력의 핵심인 왕 자신에 대한 도전은 털끝만한 것이라도 용서하지 않는다는 식이지요. 자식이라도 봐줄 수 없다, 이런 뜻입니다.

정말 권력이 그럴까요? 국왕과 세자의 권력이 이렇듯 대립적이기만 할까요? 국왕과 세자 사이의 권력은 공존하는 경우가 훨씬 많았습니다.

태종과 세종은 상왕上王과 금상今上으로 공존하였으며, 조선 역사에서 세자와 국왕이 갈등을 빚은 경우는 드뭅니다. 서로 권력이 다르기 때문입니다. 한마디로 국왕과 세자는 공존할 수 있는 권력입니다. 그러므로 '권력의 비정함'이라는 '해석'은 만능이 아닙니다. 권력이 비정할 때도 있지요. 그러나 아닐 때도 있습니다. 따라서 '권력의 비정함'이란 논리적으로 무의미한 해석입니다.

사도 세자는 10여 세부터 시작된 정신 불안증과 아무 옷이나 입지 못하는 의대증衣帶症이 남을 괴롭히는 가학증加虐症으로 이어졌습니다. 『한중록閑中錄』에서는 세자가 내관 김한채金漢采의 머리를 베어 집안에 들고 들어와 혜경궁惠慶宮 홍씨洪氏와 나인들에게 보여 주었다고 하였습니다. 그전에도 세자는 영조의 꾸지람을 들으면 내관과 나인을 때렸는데, 1757년영조33 6월부터 사람을 죽이기 시작했다고 합니다. 김한채를 죽일 때 나인도 여럿 죽였다고 하는데, 실록에는 모두 6명이라고 되어 있습니다. 이런 사실은 세자에서 폐위시킬 당시 1762년 실록에서 "정축년 이후부터 증상이 심해졌다."라고 말한 기록과 일치합니다. 『현고기玄皐記』에서는 이때가 처음이 아니라, 세자가 장성하기 이전에 이미 살인을 저질렀다고 하였습니다.

혜경궁은 경진년1760 이후로 세자가 얼마나 많은 사람을 죽였는지 기억할 수조차 없다고 했습니다. 『영조실록英祖實錄』에 수록된 「세자를 폐위시키는 반교」에 따르면, 생모인 선희궁宣禧宮 이씨李氏가 영조에게 세자의 비행을 말하면서 내관과 나인 백여 명을 죽이고 쇠를 불에 달구어 지지는 악형을 가했다고 합니다. 처음에는 주로 만만한 아랫사람만 죽였습니다.

그런데 학대를 가하는 대상이 점차 확대되었습니다. 후궁은 물론, 아내인 혜경궁 홍씨까지 공격하였습니다. 그뿐만 아니라 세자시강원世子侍講院에서 세자를 가르치는 스승을 쫓아가 공격하려고 했습니다. 영조가 술을 마셨다고 의심했을 때였는데요, 아마 시강원 스승들이 일러바쳤다고 생각한 듯합니다. 죽기 직전에는 생모 선희궁까지 죽이려고 했습니다.

이런 와중에 창덕궁 낙선재 우물에서 자살을 시도했던 행적도 보

영조 어진英祖御眞

역대 조선 왕 가운데 가장 장수하였고 최고로 오랫동안 왕위에 있었던 영조의 어진입니다. 흔히 권력 앞에서 아들을 뒤주에 가두어 죽인 비정한 아버지로 알려져 있지만 영조가 왜 그런 결단을 할 수밖에 없었는지는 살펴보아야 할 대목이 많습니다.

입니다. 그리고 평양으로 탈출하기도 했구요. 일반 불안 장애, 강박 장애, 충동 조절 장애를 앓던 세자는 1760년부터 정신 분열증까지 겪게 됩니다. 헛것이 보이는 것이지요. 그리고 아버지를 욕하기 시작했습니다. 세손이던 정조가 생일을 축하하러 왔을 때는 "부모도 모르는 내가 자식을 어찌 알랴."라고 하며 쫓아냈습니다. 자기는 부모도 자식도 모르는 사람이라는 말이지요. 자포자기 상태였습니다.

이듬해 1월 세자는 자신이 사랑하던 빙애를 죽였습니다. 빙애는 후궁 경빈 박씨의 이름입니다. 옷을 갈아입다가 의대증이 발병하여 죽였는데, 얻어맞은 빙애는 세자가 나간 뒤 신음하다가 절명했습니다. 빙애를 구타할 때 세자는 빙애와의 사이에서 낳은, 이제 갓 돌이 지난 왕자 은전군恩全君도 칼로 내리쳤습니다. 그리고 칼을 맞은 은전군을 문밖 연못에 던졌습니다. 영조의 계비 정순 왕후貞純王后는 은전군을 구하고는 하엽생荷葉生, 곧 '연잎이'라고 이름을 지어 불러 주었습니다. 영조는 은전군의 자字를 '가련하도다!'라는 뜻의 '연재憐哉'로 지어 주었습니다.

사도 세자 사건의 직접적인 원인은 사도 세자의 비행과 광증입니다. '뒤주에서의 죽음'이라는 비극의 원인을 권력의 비정함에서 구하기보다는 왕정王政의 성격에서 찾아야 한다고 생각합니다. 왜 하필 뒤주를 사용했는지는 조금만 생각해도 답이 나옵니다. 과연 누가 감히 세자에게 손을 댈 수 있었을까요?

영조를 비정한 아버지라고 말하기 전에 세자의 악행과 죄상에 대해 생각해 볼까요? 쉽게 사람을 죽이고, 정신까지 이상한 세자를 그냥 둘 수는 없습니다. 연산군과 광해군처럼 폭군 또는 혼군이 될지 알 수 없는 세자입니다. 세자를 낳은 어머니인 영빈 이씨까지 나서서 처분을 요청한 데에는 그럴 만한 이유가 있었던 것입니다. 이를 어떻게 보아야 할까요? 여기에서는 사도 세자의 비극 이전에 영조의 비극이 읽힙니다. 평범한 아버지였으면 내리지 않아도 될 결단을 국왕인 그가 할 수밖에 없었던 것이지요. 세자를 바꿀 수 있는 권한을 가진 이는 국왕 영조뿐이었으니까요.

선희궁 이씨가 너그러운 처분을 원했을 때도 영조로서는 달리 방법이 없었을 것입니다. 사도 세자도 살려 둔 채 정상적인 임금을 세울 수 있는 방법이 과연 있었을까요? 제가 보기에는 없습니다. 정조가 훗날 사도 세자를 현양한 것조차도 사도 세자가 죽었기 때문에 가능한 일이었습니다. 요컨대 이 사건을 권력의 비정함에서 비롯된 것으로 보는 견해는 맞지 않다고 봅니다. 역사에서 국왕과 세자의 권력이 공존하는 경우가 훨씬 더 많으니까요.

제3장

민생

굶주린 자가 밥 먹여 주기를 기다리고、병든 자가 치료와 보살핌을 기다리는 것은 인지상정이다。굶주려도 밥 먹여 줄 사람이 없고、병들어도 치료하고 보살펴 줄 곳이 없다면、이는 곧 의탁할 데 없는 궁핍한 백성인 것이다。백성의 부모인 왕이 어찌 이들을 보호할 방법을 강구하지 않겠는가?

경제 정책을 논하다

앞서 백성에게 중요한 것은 '먹고사는 것 > 배움 > 형벌'의 순이라는 말을 했습니다. 대개 먹고사는 문제가 해결되지 않으면 편안한 마음을 갖기 어렵습니다. 그래서 맹자는 제 선왕에게 이렇게 일갈一喝하였습니다.

> 항산恒産 안정된 생업이 없으면서도 항심恒心 늘 같은 덕성을 유지할 수 있는 것은 선비만이 가능합니다. 일반 백성은 항산이 없으면 그로 인해 항심이 없어지고 맙니다. 항심이 없어지면 방탕·사악·간사·사치 등 온갖 나쁜 짓을 다 하게 됩니다. 이렇게 백성이 죄의 구렁텅이에 빠진 뒤에 속속 잡아다가 형벌을 주게 된다면 이것이야말로 백성을 잡으려고 그물질하는 것입니다. 어떻게 어진 임금으로서 백성에게 그물질이나 할 수 있겠습니까?
>
> 『맹자』「양혜왕 하」

삶의 이치가 이러한데, 순암이 이런 진리를 모를 리 없습니다. 백성

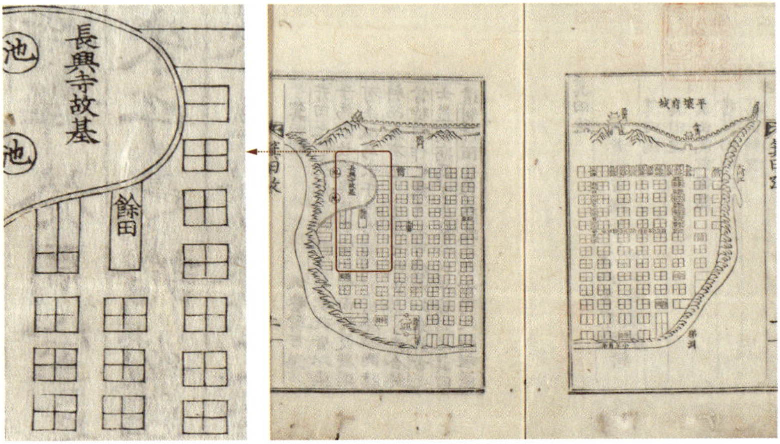

기전고箕田考 중의 기전도箕田圖

기전고는 1790년 이가환과 이의준이 기자 정전井田에 대한 자료를 모아 엮은 책입니다. 한백겸은 1607년(선조40) 평양성 밖의 기자의 정전 유적지를 답사한 다음 이를 바탕으로 「기전도」를 그리고 「기전설箕田說」을 썼습니다. 이는 실학자들이 주장한 토지 개혁론의 중요한 근거 자료가 되었습니다.

에게 중요한 것이 무엇인지를 생각하는 기사가 『동사강목』 안에 당연히 수록되어 있습니다. 먼저 먹고사는 토대가 되는 토지 제도에 관한 기사부터 보겠습니다.

강 기묘년(기원전1122)|조선 기자 원년| (중략) 농지 제도를 정하고, 백성에게 농사와 누에치기를 가르쳤다.

목 기자가 은나라의 농지 제도를 쓰고, 백성에게 농사짓고 누에 치고 베 짜는 방법을 가르쳤다.|정전井田의 유지遺址는 지금 평양부 남쪽 외성外城 안에 있다.| 3년이 안 되어 백성이 다 교화되어, 예를 지키는 풍속이 생겨났으며, 조정 안팎이 무사태평하였다. 백성들이 기뻐하

며 도읍의 강을 황하黃河에 비유하고 도읍의 산을 숭산嵩山에 비유한|대동강과 영명령永明嶺이다.| 노래를 지어서 그 덕을 기렸다.

한백겸韓百謙은 다음과 같이 말하였다.

"내가 평양에 가서 기자가 만들었다는 정전의 흔적을 보았는데, 천맥阡陌 논밭 사이의 구획이 다 남아 있어서 반듯반듯하고 어지럽지 않으니, 옛 성인이 계획하고 추진하여 오랑캐를 중국으로 변화시킨 뜻을 지금에 와서도 상상할 수 있었다. 밭 모양과 고랑 만드는 법이 지금 『맹자』에 거론된 '정井' 자 모양의 제도와는 같지 않다. 그 가운데에서 함구문含毬門과 정양문正陽門 사이의 구획이 가장 분명한데, 그 제도는 다 '전田' 자 모양으로 되어 있다. 전田에는 4구역이 있고, 각 구역은 다 70묘畝씩이다.

큰길에서 안쪽을 가로로 보면 4전田 8구역인데, 4전은 사상四象을 본뜨고 8구역은 팔괘八卦를 본뜬 것일까? 가로세로가 각각 8구역이고 곱하여 64구역을 네모반듯하게 정돈한 방법은 선천방도先天方圖 하늘은 둥글고 땅은 네모지다는 고대 사상에 근거를 두어 64괘를 원형으로 배열하여 천체를 형상하고 다시 그 안에 64괘를 방형으로 배열해 땅을 형상한 그림에서 내부만 가리켜 부른 이름를 본떴으니, 아! 이것이 아마도 은나라의 제도일 것이다.

『맹자』에 '은나라 사람은 70묘를 나눠 주고 그에 대한 세금[助]을 거두었다.'라고 하였다. 70묘를 주는 것이 본디 은나라 사람이 농지를 나누는 제도인데, 기자가 은나라 사람이니, 그가 들판을 구획하여 농지를 나누는 것도 은나라의 제도를 본받았을 터이다. 그러

니 주나라 제도와는 분명 달랐을 것이다. 수천 년이 지나면서 구획이 바뀌어 규격이 그대로 보존되진 않았겠지만, 대략 너비 한 두둑의 길로 구역의 경계를 짓고, 세 두둑의 길로 농지의 경계를 지었다. (중략)

반고의 『한서』 「형법지刑法志」를 상고해 보면, '4정井이 1읍邑이 되고, 4읍이 1구丘가 되고, 4구가 1전甸이 되니, 1전에 64정이 있다.' 하였는데, 정·읍·구·전이라는 명칭은 주나라 제도를 썼을지라도 4를 기수起數 기본이 되는 수로 하여 4와 4로 사각형을 이룬 것은 이와 합치한다. 반고의 학문이 매우 넓으니, 유래가 있는 설을

평양도平壤圖
평양 전경을 그린 그림으로, 왼쪽에 구획 정리를 해 놓은 듯한 농경지를 볼 수 있습니다. 조선 시대 사람들은 이곳에서 기자가 농지 제도를 정하고 농사를 가르쳤다고 믿었습니다.

그대로 쓴 것인지도 모른다.

그 지형이 뾰족하고 비끼고 기울고 치우쳐서 사각형을 이루지 못한 곳은 한두 전 또는 한두 구를 지세地勢에 따라 더하였는데, 이것을 이 고장 사람들은 대대로 나머지 땅, 곧 '여전餘田'이라 부른다고 한다. 주나라 정전 제도에서도 그 땅이 곧고 평평하기만 할 수는 없고, 제 모양을 이루지 못한 곳도 버리지 않고 써야 했을 터이니, 아마도 그 제도 역시 이러했을 것이다. 공전公田과 농민이 살던 집 제도는 상고할 수 없으나, 농지 모양이 이미 정 자 모양이 아니니, 『맹자』에서 가운데에 공전이 있고 그 주위로 여덟 집이 사전私田 1백 묘씩을 갖는다는 제도는 영 틀린 것이 되고 만다.
생각건대, 은나라 때에 농지는 들에 있을지라도 농민이 살던 집은 분명 농지 옆에 있지 않고 성읍 안에 모여 있었을 것이다. 공전도 한 모퉁이 땅에 있어 꼭 사전 가운데에 끼어 있지는 않았을 것이다. 농지에서 거름 주고 갈고 김매고 거두어들일 즈음에 거리가 같지 않아서 백성 중에는 그것을 괴롭게 여기는 사람도 있었을 것이다. 또 문물이 점점 갖추어지면서 관혼상제冠婚喪祭의 절차가 복잡해져서 70묘에서 나오는 산물로는 산 사람을 먹이고 죽은 사람을 장사 지내기에 부족했을 것이다. 그러므로 주나라가 천하를 차지하고서 천리天理와 인사人事에 따라서 농지를 1백 묘로 늘리고, 또 정전의 법을 만들어 여덟 집이 공전을 가운데 두고 1정을 함께 하도록 한 것이다."

『동사강목』 제1상

농업 사회에서는 자영농의 재생산 구조가 유지될 필요가 있습니다. 재생산 구조란 두 가지를 의미합니다. 첫째는 경제적 재생산 구조가 작동하는 것입니다. 한 해, 한 해 농사를 지으면서 먹고살 수 있어야 합니다. 이것이 확보되지 못하면 최하층부터 무너집니다. 유랑자와 노숙자가 생겨나고, 살기 위하여 권문세가權門勢家의 노비가 되려는 사람이 줄을 잇습니다. 그러다 보면 더 적은 수의 자영농이 세금을 감당해야 합니다. 당연히 살아남은 최하층이 그 세금을 맡아야 하고……. 이렇게 악순환이 반복되면 나라 재정이 무너집니다.

나라는 재정과 군대로 유지됩니다. 그런데 재정을 담당하는 계층이, 곧 세금을 내는 계층이 대부분 군대도 담당합니다. 세금 내는 계층이 붕괴된다는 것은 군대를 유지할 계층이 붕괴된다는 것을 의미합니다. 이런 상황을 "형제 처자가 흩어진다."라고 표현했습니다. 이산가족이라는 말은 6·25 전쟁 당시 뿔뿔이 흩어진 남북 이산가족을 가리키는 것이 아닙니다. 가족이 함께 먹고살 수 없어서 생긴 이산가족이 그보다 더 먼저 있었습니다.

이산가족의 양산은 경제적 재생산의 붕괴만을 의미하지 않습니다. 이산가족은 다시 두 가지 파장을 불러옵니다. 첫째는 아이를 낳지 못하는 것입니다. 처자식이 흩어져 있는데 어떻게 아이를 낳겠습니까? 둘째, 낳은 아이들을 교육시키지 못한다는 것입니다. 문명의 재생산을 위해 필요한 교육을 시킬 기본 장소가 되는 가정이 붕괴되기 때문입니다. 정전제든 균전제均田制든 국가가 유지되기 위해서는 백성의 대부분을 차지하는 자영농이 안정될 수 있는 경제 정책을 마련해야 하지요.

> 법을 제정하는 자가 부자를 억제하려고 했음에도 불구하고 도리어 그들에게 보탬을 주는 결과를 빚는 경우가 왕왕 있었다. 부자가 토지를 겸병할 수 있었던 것은 가난한 자가 스스로 자립할 수 없는 데서 비롯되고, 가난한 자가 자립하지 못하는 것은 정부의 과세가 무

겁고 노동력을 거두어들이는 일이 번다한 데서 비롯된다. 그런데도 위정자들은 재정이 부족하여 세금과 노동력을 거두지 않을 수 없다고만 하니 이는 본말이 전도된 것이다. (중략)
노동력을 거두어들이는 일을 줄이고 세금을 가볍게 하며, 유통이나 서비스업보다는 제조업에 힘쓰고, 적절한 소비를 장려하되 지나친 소비를 경계해야 한다. 재산 소유 상한선을 두고 곤궁한 사람들에 대한 복지 정책을 펴면, 가난한 자가 자립할 수 있을 것이며 부자의 과도한 재산 증식도 막을 수 있을 것이다. 이것이 경제 정의의 기본 원칙이다. 이렇게 하지 않으면, 아무리 법이 있다고 해도 한갓 조문에 불과할 것이며, 국가 경영에 도움이 되지 않을 것이다.

『당감唐鑑』 권2

이 말은 사마광과 함께 『자치통감』 편찬에 참여했던 범조우范祖禹가 『당감』에서 이야기한 내용을 이해하기 쉽게 풀어 쓴 것입니다. 현재의 민주주의 사회에서도 다 구현하지 못한 아주 진보적인 수준의 주장이지요? 비슷한 진술을 하나 더 보겠습니다.

옛날에는 경작하는 농부에게 자기 소유의 경지가 있고, 위정자들도 농사를 권장했기 때문에 농부도 농사일을 삶의 즐거움으로 삼고 근면하고 민첩하게 일했다. 윗사람, 아랫사람 모두 화목하고 즐겁게 지냈다. 고생스럽다고 여기거나 탄식하는 모습을 볼 수 없었다.
(중략)

후세의 농사는 이와 다르다. 이미 농사지을 땅이 없으니 경작지는 다른 사람의 땅이고, 담당 관리는 해악이나 끼치지 않으면 다행이었다. 그러니 어찌 권장하는 뜻이 있겠는가? 쌀 몇 톨로 밥을 지어 먹고, 하루씩 걸러 가며 먹는 것이 보통이다. 농사일이 시작되었는데도 장정壯丁의 식량과 소가 먹을 꼴을 어디서 댈 데가 없다. 나중에 거둘 수입을 미리 당겨서 식량과 꼴을 빌려 올 밑천으로 삼으니, 매조미쌀이나 명아주국도 배불리 먹지 못하는 판에 감히 소금으로 간을 맞춘 우유죽을 기대할 수 있겠는가?

새벽 서리가 녹지도 않았는데 배고픔을 참고 쟁기를 가지고 나가 일하고, 얼어서 튼 살이 아파 견딜 수 없으면 풀을 태워 온기를 쬐니, 이것이 경작을 시작할 때의 고통이다.

따뜻한 날씨가 더워지기 시작하면 새벽부터 일어나 나가 마치 모이를 쪼는 것처럼 몸을 구부려 일을 하고 저녁이 되어서야 쉴 수 있다. 몸은 흙투성이가 되고 열과 습기로 범벅이 되어 1백 묘나 되는 땅이 푸르게 자라는 동안 사람 꼴이 다시 알아볼 수 없을 정도로 변하니, 이것이 모를 심는 고통이다.

뜨거운 볕이 쇠를 녹이고 논물이 끓을 듯할 때면 김매기에 힘을 쏟고 잡초를 제거해야 한다. 모래를 긁느라 손가락이 성한 데가 없고, 곱사등이처럼 굽은 허리는 끊어질 듯하니, 이것이 김맬 때의 고통이다.

이삭이 패고 곡식이 익을 때가 되면 사람이나 가축이 해칠까 두려워 논 가운데에 띠풀을 엮어 지키는 집을 만든다. 몇 자짜리 집이라 겨우 무릎이나 들이고 가까스로 비를 피할 수 있는 정도이다. 추운 밤에 잠 못 들고 바람과 서리가 뼛속까지 파고드니, 이것이 벼를 지키는 고통이다.

벼를 베고 수확하여 돌아오면 처자식이 함께 기뻐하며 절구질하고 키질하는데 마치 그 일이 즐거운 듯이 서로들 민첩하게 일한다. 하지만 한 번 배불리 먹은 기쁨은 한 달을 간 적이 없다. 곡식은 주인집 창고로 들어가고 이자는 빌려준 사람에게 돌아가니, 집은 또 다 비어 버린다. 그러고 나면 오직 땔나무와 띠풀을 모아 죽과 곡식으로 바꾸어 먹으면서 구차하게 살 뿐이다. 뽕나무와 마를 심고 기르며, 누에 치고 길쌈하여 옷감을 짜는 노고도 이와 비슷하다. 그런데도 해진 옷이나 오래된 솜옷조차 제대로 입지 못하니, 어찌 애처롭고 가엽지 않겠는가?

『대학연의大學衍義』

복지 제도를 살피다

매년 안정되게 농사를 지을 수 있도록 정책적으로 배려하는 것도 중요했지만, 농사가 자연의 영향을 많이 받기 때문에 거기에도 대비해야 했습니다. 가뭄, 홍수, 병충해, 태풍 등으로 수확할 곡식이 없으면 나라에서는 굶주린 백성을 구제할 책임을 집니다. 복지 정책이 필요했던 것이지요. 대표적인 예로 고구려의 진대법賑貸法, 고려의 의창義倉과 대비원大悲院을 들 수 있습니다.

강 갑술년(194) |신라 벌휴왕 11년·고구려 고국천왕 16년·백제 초고왕 29년|
(중략) ○ 겨울 10월. 고구려는 진대법을 제정하였다.

목 왕이 사냥을 나가다가 길에서 우는 사람을 보고 물으니, 그가 대답하였다.

"신은 가난하여 늘 품을 팔아서 어미를 봉양해 왔는데, 금년에는 흉년이 들어서 품팔이할 곳이 없습니다. 적은 양식도 얻을 수 없기 때문에 우는 것입니다."

"내가 백성의 부모가 되어 백성을 이런 극한 상황에 놓이게 하였으니, 나의 죄이다."

왕이 그에게 옷과 먹을 것을 주어 위로하였다. 이어 내외 관원에게 명하여 홀아비·과부·고아·자식 없는 노인, 그리고 노인·환자·가난한 사람 등 스스로 살아갈 수 없는 이들을 찾아서 진휼賑恤하게 하고, 또 매년 3월부터 7월까지 관청에 비축해 둔 곡식을 내어 백성에게 진대賑貸하되 식구 수에 맞추어 하고, 곡식을 수확하는 10월에 갚도록 하였다. 이를 법으로 정하여 계속 시행하게 하니, 온 나라 사람이 크게 기뻐하였다.

안 이것이 후세 환자[還上]의 시초이다. 곡식이 모자라는 봄에 관청의 곡식을 내어 백성에게 대여하였다가 추수 뒤에 백성이 거둔 곡식을 운반하여 관가에 납부하므로 '환자'라고 한다. 고구려 왕이 가난한 백성의 굶주리고 어려운 처지를 알고 진대법을 만들었는데, '진賑'은 '굶주린 백성에게 먹여 준다.'라는 뜻이고, '대貸'는 '관청의 곡식을 꾸어 주되 반드시 갚도록 한다.'라는 뜻이다.

하지만 무료로 먹게 하는 것은 옳지만 꾸어 준다는 것은 옳지 못하다. 왕에게 백성은 모두 어린 자식과 같으니, 자식이 굶주리고 쓰러질 지경이 되었을 때 곡식을 내어 구제하는 것은 부모로서 당연히 해야 할 일이기 때문이다. 그러면 왜 빌려주고 그것을 반드시 갚도록 하는 것인가? 그것은 무료로 주고 갚으라고 하지 않으면 나라에 비축한 곡식이 다 없어져 그 뒤로는 계속 빌려줄 수 없기 때문이다. 만일 법을 만들어 상황에 따라 잘 운용한다면, 주었다

갚았다 할 필요도 없을 것이고 백성과 나라가 함께 넉넉해질 것이다. 그러나 백성에게 빌려준 뒤에 반드시 그것을 갚게 한다면 나중에 벌로 매를 때리고 동요시킬 우려가 있으니, 이것이 그 법의 좋지 못한 점이다.

유안劉晏은 당나라 때 재산 관리에 밝았던 사람인데, 백성에게 곡식을 빌려준 적이 없다. 그는 "관리가 법에 의거해서 꾸어 간 것을 독촉하고 갚게 하는 것은 백성을 편안하게 하는 방법이 아니다." 라고 하였다. 그야말로 훌륭한 말이다.

고구려는 이때에 임금과 재상이 모두 적임자였으므로 법령 제정이나 정책 시행이 백성에게 해를 끼치지 않아서 분명 볼만한 성과가 있었을 것이다. 하지만 역사서에 "법으로 정해 계속 시행하게 했다."라고 하였어도, 뒤에 그 자리에 등용되는 사람이 모두 꼭 어질 수만은 없는 일이어서 백성이 곤란을 겪었다.

『동사강목』 제2상

강 병술년(986) |성종 5년| (중략) 가을 7월. 의창을 설치하였다.

목 처음에 태조가 흑창黑倉을 설치하고 궁핍한 백성에게 곡식을 빌려주게 하는 것을 법으로 정해 계속 시행하게 하였다. 그런데 인구가 점점 많아지는데도 비축된 곡식이 늘지 않자, 왕이 쌀 1만 석을 더 주고 이름을 의창이라고 고쳤다. 또 여러 주州와 부府에도 각각 의창을 설치하기 위해 담당 관리에게 호구의 수와 창고의 곡식양을 점검하여 아뢰게 하였다.

안 풍년이 들면 값을 올려서 곡식을 사들이고 흉년이 들면 값을 내려서 곡식을 내어, 곡식이 흔해도 농사를 망친 게 되지 않게 하고, 곡식이 귀해도 백성을 상하지 않게 한 것이 상평창常平倉이다. 이는 한나라 경수창耿壽昌이 만든 제도이다.

1백 호戶로 1사社를 만들고 각각 곡식을 내어 해당 사로 가져오게 하여 사장社長이 맡아 점검하면서 흉년에 대비하게 한 것이 의창이다. 이는 수나라 장손성長孫晟이 만든 제도이다.

상평창은 상부에서 통제하여 곡식이 아주 귀하거나 아주 흔한 때가 없게 한 것이요, 의창은 이익이 아래에 있어서 백성을 옮기거나 곡식을 옮기는 수고가 없게 한 것이다. 적당한 인재를 등용하여 그 법을 두 가지 다 행한다면 흉년을 무사히 넘기는 방법이 될 뿐만 아니라 위급한 일이 생겨도 믿을 데가 있게 된다.

성종이 의창을 설치하고 뒤에 또 상평창을 설치한 것은 잘했다고 할 만하나, 의창을 1백 호의 사에 설치하지 않고 주군州郡에만 설치하고, 상평창을 각 주군에 설치하지 않고 양경兩京과 12목牧에만 설치한 것이 잘한 것인지는 모르겠다.

『동사강목』 제6상

강 병자년(1036)|정종 2년| (중략) 겨울 11월. 동서東西 대비원을 세웠다.

목 대비원 두 곳을 세워 굶주리고 병들어서 의탁할 데 없는 자들이 살게 하고, 의복과 음식을 주었다.

안 굶주린 자가 밥 먹여 주기를 기다리고, 병든 자가 치료와 보살핌을 기다리는 것은 인지상정人之常情이다. 굶주려도 밥 먹여 줄 사람이 없고, 병들어도 치료하고 보살펴 줄 곳이 없다면, 이는 곧 의탁할 데 없는 궁핍한 백성인 것이다. 백성의 부모인 왕이 어찌 이들을 보호할 방법을 강구하지 않겠는가? 고려는 너그럽고 인자한 정치로 나라의 기조를 세웠기에 백성을 잘 보살피는 정치를 하기 위해 정성을 다하였다.

광종은 일찍이 제위보濟危寶를 설치하였고, 정종 또한 동서 대비원을 세웠고, 예종은 다시 혜민국惠民局을 설립하였다. 규모와 시행 방안에 대한 증빙할 만한 자료는 없지만, 명칭에 의거하여 논의해 보면, 제위보는 백성을 구제하는 관청으로 지금의 진휼청賑恤廳과 같고, 대비원은 병든 자를 치료하고 보살피는 곳으로 지금의 활인서活人署와 같고, 혜민국은 의약을 맡은 관서로서 지금의 혜민서惠民署와 같다.

이때 어진 임금이 잇따라 나타나서 국가에 참된 정사가 행해지고 백성은 알찬 혜택을 받았으니, 깊은 은혜와 후한 덕택이 민심에 깊이 파고들었다. 뒷날 국가가 혼란하고 병란이 어지럽게 일어났지만, 민심이 흐트러지지 않고 종묘사직宗廟社稷이 안정될 수 있었던 것은 백성을 보전하는 올바른 방법을 썼기 때문이다.

『동사강목』 제7상

예나 지금이나 국가가 가장 먼저 보호해야 할 백성은 사회적 약자입니다. 홀아비·남편 잃고 혼자 사는 여자·부모 없는 어린아이·자식 없는 늙은이는 '환과고독鰥寡孤獨', 늙고 병들고 가난하여 없이 사는 사람은 '노병빈핍老病貧乏'이라 하여 진휼의 대상이었습니다. 이들은 곤궁한 백성이라 어디 하소연할 데가 없는 사람이므로 복지 정책에서 최우선에 두어야 한다고 했습니다.

순암은 이에 대해 제도도 중요하지만 그 일을 누가 맡느냐도 중요하다고 했습니다. 또 의창이나 상평창을 널리 곳곳에 설치하지 않고 제한적으로 설치한 데 대해서도 부족하다고 생각했습니다. 순암의 말대로 굶주린 자가 밥 먹여 주기를 기다리고, 병든 자가 치료해 주기를 기다리는 것은 누구나 갖고 있는 마음입니다. 우리 사회의 복지 정책은 어디쯤 와 있을까요?

나라는 이익을 탐하지 않는다

강 계사년(1053)|문종 7년| (중략) ○ 겨울 10월. (중략) ○ 세모稅耗거둔 세금에서 축난 부분를 더 거두었다.

목 삼사三司에서 아뢰었다.

"옛 제도는 세금으로 내는 쌀 1석石에 모미耗米 손실에 대비해 더 받는 곡식 1되를 더 거두었습니다. 지금 12창倉의 쌀을 경창京倉으로 운반하려면 여러 차례 강과 육지를 경유해야 하므로 소모되는 것이 실로 많습니다. 그러다 보니 운반하는 사람들이 그것을 보상하느라 고통을 겪습니다. 그러니 1곡斛에 모미 7되를 더 거두게 하십시오."

그러자, 왕이 이를 허락하였다.

안 조세를 바치는 자는 백성이요, 미곡을 주관하는 자는 관리이다. 많이 거두면 백성을 괴롭히게 되고 조금 거두면 관리들을 곤란하게 한다. 그러므로 국가가 일을 처리할 때 물정物情을 충분히 살펴서 제도를 마련하는 것이다. 수로와 육로로 운반하는 어려움을 겪고,

비에 젖기도 하고 벌레와 쥐로 인해 침해를 입기도 하여 미곡이 줄어들지 않을 수 없지만, 그렇다고 해서 원래 거두기로 정해 놓은 양을 줄일 수도 없다. 그래서 '모미' 명목이 생긴 것이다.

중국의 경우, 양곡을 보관하는 데는 작서모雀鼠耗가 있고, 이것을 운반하는 데는 두모斗耗가 있었는데, 이것은 후당後唐 명종 때부터 시작된 제도로서 대개 어쩔 수 없어서 생긴 것이었다. 옛날 번성했을 때라고 하여 어찌 운반할 때에 줄어드는 것과 새나 쥐 때문에 소모되는 것이 없었겠는가?

다만 백성에게서 받는 것은 원래 수량뿐이었다. 소모되는 것 또한 당연히 원래 수량에서 감량하였기에 조금이라도 백성에게서 더 거두는 일이 없었다. 그리하여 백성의 살림이 여유 있고 국가의 재정이 절약되었다. 후세에 이르러서 모미를 더 거둬들인 것은 좋은 법이라 할 수 없다.

고려의 제도는 15말로 1섬을 삼았는데 1섬에 모미 1되를 더 거둬들였으니, 이는 지극히 가벼운 것이다. 이때에 이르러 7되를 더 거둬들였다면 또한 이 법의 본뜻과는 다르지만 그래도 가벼운 일이라 할 수 있다. 하지만 명종 때에 이르러서는 이미 2말을 더 거둬들였으니 지나치게 과중한 것이 아닌가? 법은 한번 정하면 바꿀 수 없는 것인데, 문종이 한번 올려서 거두고 나자 후세에 이를 본받았다. 이는 폐단이 여기까지 이를 줄 깨닫지 못했던 것이다.

지금의 환곡 제도는 봄에 나누어 주었다가 가을에 거둬들이는데, 거둬야 하는 곡식의 양이 정해져 있어서 그것보다 부족하면 안 되

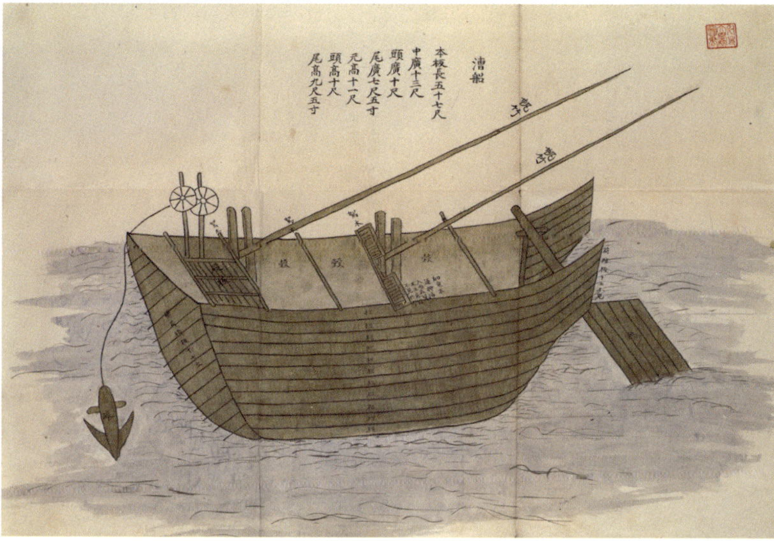

세곡선稅穀船

조선 시대에 조세租稅로 거둔 곡식을 실어 나르던 배를 그린 그림입니다. 조운선漕運船이라고도 합니다. 세곡을 운반하는 동안 축날 것을 미리 셈하여 한 섬에 몇 되씩 덧붙여 받는 곡식을 '모미'라 합니다. 순암은 원래 정한 조세보다 모미를 더 거두어 백성의 살림을 어렵게 만드는 것을 비판하였습니다.

기 때문에 10말이면 1말씩을 더 거두면서 이를 일러 '모미'라고 하였다. 이는 새나 쥐가 축낸다는 이유로 거두는 것이기도 하다. 이왕 모미라고 이름 붙인 이상 축난 세금을 채우는 데 써야 하는데, 오늘날 모미는 거두어서 관청의 비용으로 쓴다. 새나 쥐가 축낸 것은 소두小斗로 분배하여 백성으로 하여금 축난 수량을 채워서 바치게 한다. 이렇게 모미의 모미를 거둔다면 이것은 백성이 소모되는 양을 거듭해서 내게 되는 셈이 된다. 새나 쥐가 축낸다는 이유로 더 거둔 곡식을 끌어다가 관청 재용으로 쓰고 있으니, 이는 매우 욕된 일로 진실로 천하 후세에 다시 없을 일이요, 알려서는 안 될 일이다. 옛사람이 말한 '모미'와 명목은 같지만 백성의 괴로움은 더욱 심하다.

『동사강목』 제7상

마지막 순암의 말은 『대학』 마지막 장에 나오는 "나라는 이익을 이로움으로 여기지 않고, 의義를 이로움으로 삼는다."라는 구절을 떠올리게 합니다. 일찍이 맹자도 늘 나라가 백성과 이익을 다투는 것을 경계했습니다. 나라와 백성의 이익 다툼은 세금에서 시작합니다. 나라가 세금을 더 거두려고 한다거나, 아예 백성의 생업을 빼앗음으로써 세금을 받는 것보다 더 많은 이익을 얻으려고 할 때 갈등이 생깁니다. 그래서 순자荀子도 다음과 같이 말하였습니다.

사람들은 의와 이익을 둘 다 가지고 있다. 요순이라도 백성이 이익을 바라는 마음까지 없앨 수는 없다. 하지만 이익을 바라는 사람이 의를 좋아하는 사람을 이기지 못하게는 할 수 있다. 비록 걸주라도 백성이 의를 좋아하는 마음까지 없앨 수는 없다. 하지만 의를 좋아하는 사람이 이익을 좋아하는 사람을 이기지 못하게는 할 수 있다. 그리하여 의가 이익을 이기면 다스려지는 세상이 되고, 이익이 의를 이기면 어지러운 세상이 된다. 위에서 의를 중히 여기면 의가 이익을 이기고, 위에서 이익을 중히 여기면 이익이 의를 이긴다. 그러므로 천자는 많고 적음을 말하지 않고, 제후는 이로움과 해로움을 말하지 않으며, 대부는 얻고 잃음을 말하지 않고, 사士는 재화를 사고팔지 않는다.

『순자』「대략大略」

여기에서 국가 재정과 민생에 대해 『대학大學』에서 제시한 중요한 원칙을 확인할 필요가 있습니다.

나라 재정을 늘리는 데는 중요한 원칙이 있다. 생산하는 자를 많이 두고 소비하는 자를 적게 둔다. 일하는 자는 신속히 도와주며, 거둔 세금은 친천히 사용한다. 그러면 재정은 항상 풍족할 것이다. (중략) 맹헌자孟獻子는 말하였다. "말을 기르고 마차를 쓸 수 있을 정도의 신분이라면 닭과 돼지를 길러 돈 벌 생각은 하지 않는다. 얼음을 잘라 제사 지내는 데 쓸 정도의 대부라면 소나 양을 길러 돈 벌 생각은 하지 않는다. 사방 백 리의 영지를 소유하는 경대부卿大夫의 신분이라면 영지의 인민들로부터 세금을 과중하게 거둬들이는 신하를 거느리지 않는다. 세금을 과중하게 거두어들이는 신하를 둘 바에는 차라리 도둑질하는 신하를 두는 것이 낫다." 하였는데, 이것을 일컬어 "나라는 이익을 이로움으로 여기지 않고, 의를 이로움으로 여긴다."라고 하는 것이다.

『대학장구大學章句』「전10장傳十章」

맹헌자는 춘추 시대 노나라의 현명한 대부였습니다. 『대학』에는 이

구절에 이어 "어진 사람은 재물을 효율적으로 사용하여 자신의 덕행과 명예를 높이는데, 어질지 못한 사람은 자기 몸을 망쳐 가며 재물만 긁어모은다. 군주가 인仁을 좋아하는데 그 백성이 의로움을 좋아하지 않을 리 없다. 또 그 백성이 의로움을 향해 매진하는데 군주의 사업들이 유종의 미를 거두지 못할 리 없다. 또 국고에 정의롭게 축적된 재화가 그 국가와 인민의 재화가 되지 않을 수 없다."라는 말이 이어집니다.

순암이 모미만을 언급했지만 정작 하고 싶었던 말은 '재물이나 세금을 긁어모으는 신하'에 대한 경계가 아닐지요? 의와 이익이 나라의 흥망과 중요한 연관이 있기 때문에 이미 오래전에 세금을 과중하게 거두는 신하는 도둑질하는 신하보다 죄가 크다고 했는지도 모릅니다.

노비 제도의 개혁을 주장하다

순암이 『동사강목』에서 다루었던 시대는 신분제 사회였습니다. 그런 시대적 한계에도 불구하고 순암은 인간이 인간다운 삶을 누려야 한다는 앞선 생각을 지니고 있었습니다. 모든 변화가 상황을 하나씩 바꾸어 나가는 과정이 축적된 결과라는 점을 고려해 볼 때, 순암의 견해는 결코 과소평가될 수 없을 것입니다. 순암의 견해는 같은 시대를 살았던 뜻있는 학자들의 공통된 생각이기도 했습니다.

그럼 노비안험법奴婢按驗法, 노비환천법奴婢還賤法, 노비종모법奴婢從母法 관련 기사를 뽑아 노비 제도에 대한 순암의 생각을 살펴보겠습니다. 여기서 노비안험법은 흔히 노비안검법奴婢按檢法이라고 합니다.

강 병진년(956)|광종 7년| (중략) 노비안험법을 제정하였다.

목 옛날에 기자가 8조 금법을 제정하여 도둑질한 자는 도둑맞은 집 노비가 되게 하였는데, 우리나라의 노비법은 아마도 여기에서 비롯된 듯하다. 권문세가에서 대를 이어 부리는 자를 사노비라고 하고, 관청과 주군에서 부리는 자를 공노비라고 하였다.

태조가 나라를 창업한 초기에는 장수들에게 본래 노비가 없었는데, 전쟁을 통해 포로를 얻거나 재물을 주고 사기도 하면서 노비가 생겨나기 시작였다. 태조가 포로를 석방하여 양민으로 삼으려 하다가 공신들이 동요할까 우려하여 편의를 봐주느라 그대로 놔두었는데 세대가 지나면서 점점 불어났다. 이에 서로 빼앗고 겸병하는 것이 날로 더해 가는 상황을 염려하여 관청을 두어 다스리게 하면서 불법적인 일을 매우 엄하게 금지하게 되었다.

이때에 이르러서야 노비를 검증하고 그 시비 분쟁을 가리게 되었는데, 사람들이 모두 원망하면서도 감히 간언하는 자가 없었다. 왕비 황보씨皇甫氏가 간절히 간언했지만 들어주지 않았다. 이에 천한 하인들이 마음대로 할 수 있게 되자, 주인을 배반하고 윗사람을 능멸하는 풍조가 만연해 본래 주인을 모함하는 자가 다 기록할 수 없을 정도로 많았다.

정인지는 다음과 같이 말하였다.

"우리나라에 노비를 둔 것은 풍속 교화에 크게 도움이 되었다. 내외를 엄격히 구분하고 귀천을 매겨 예의가 행해진 것이 모두 여기에서 말미암았다."

유형원柳馨遠은 다음과 같이 말하였다.

"노비라는 명칭은 본디 죄를 지은 자를 잡아들인 데서 비롯된 것이다. 죄 없는 사람을 노비로 삼는 법은 원래 없었다. 그런데 우리나라의 노비법은 죄가 있고 없고를 따지지 않고 그들의 세계世系

만을 따져서 대대로 종으로 삼는다. 이 때문에 무지하고 천한 사내가 사람을 죽이게 되면, 설령 능력 있는 자가 그 사이에 태어나더라도 벼슬길이 막혀 남의 집 종이 되고 만다. 이것이 어찌 이치에 맞는 일이겠는가?

옛날에는 나라가 부유한지 물으면 말의 숫자로 대답하였는데, 지금 나라 풍속은 사람이 부유한지를 물으면 반드시 노비와 농지로써 대답한다. 같은 사람끼리 사람을 재물로 삼는 이치가 어디 있겠는가? 그 법이 그릇된 것이고 풍속이 고질임을 알 수 있다."

안 노비의 신분을 대대로 이어받게 하는 우리나라의 법은 실로 왕도 정치에서 차마 못할 일이다. 어찌 노비 문서에 한번 들어가면 백세토록 면치 못한단 말인가? 옛날의 노예는 모두 도둑질을 하다가 잡혀 종으로 가게 된 자이거나, 도적질을 하다 잡힌 오랑캐들이었다. 그러나 처벌의 효력은 본인에게만 미쳤지 자손에게까지 미치지는 않았다. 어찌 우리나라 법과 같았던 적이 있겠는가?

이 문제에 대해 논하는 사람들이 노비법은 기자에게서 비롯되었다 하며 대대로 신역身役하는 폐단과 혼동하여 말하는데, 성인이 백성을 인자하게 다스리는 정치가 어찌 이와 같았겠는가? 역사서에 기록은 없지만 폐단의 근원을 찾아보면 삼국 시대에서 비롯된 것이 아닌가 한다. 삼국 시대에는 귀척대신貴戚大臣이 대대로 권세를 잡았는데, 신라가 더욱 심하였다.

『당서唐書』에 "신라의 재상은 녹이 끊어지지 않으며 노비가 3천

명이다."라고 하였으니, 그들의 위엄과 기세를 알 수 있다. 가난하여 의지할 곳이 없는 자가 스스로 몸을 팔아 종이 되고, 이어 세력에 기대 자손까지 얻어먹으며 부림을 받게 되었다. 또 싸움에서 포로로 잡은 자를 노비로 삼고 풀어 주지 않으면서 대대로 계속해서 부리다가 그 폐단이 이 지경에 이르게 된 것이다.

고려 태조가 통일할 적에 적과의 전투에서 이기거나 반란을 일으킨 역적을 토벌하여 사로잡은 사람을 대부분 공신에게 주어 노비로 삼고, 또 각 관아에 귀속시켰다. 이에 사노비와 공노비라는 이름이 생기게 되었다. 한 나라의 백성 거의 모두가 노비 문서에 들어가게 되었으니, 이보다 나쁜 법은 없었다. 어진 왕이 일어났다면 이를 바로잡느라 겨를이 없었을 것이다. 그렇다면 어떻게 바로잡을 것인가?

옛날에 쓰던 방법대로 죄 있는 자만 노비로 삼고, 중국의 제도를 본떠서 고용된 자를 부리면 된다. "시행된 지도 오래되었고 풍속 또한 중국과 다르다. 원元나라 사람이 고치고자 했지만 고치지 못한 것도 이 때문이다."라고 할 수도 있다. 그러나 "법이 변하면 형세가 변하고, 형세가 변하면 세상 풍속도 따라서 변한다."라고 하였으니, 적절한 방법으로 행한다면 옛날에 썼던 것을 어찌하여 오늘날에 쓰지 못하겠으며, 중국에서 행하던 것을 어찌하여 우리나라에서는 행하지 못하겠는가? 원나라 사람들이 고치고자 했어도 할 수 없었던 것은 권한이 우리에게 있어서였다. 대대로 벼슬한 대단한 가문에서 어찌 기꺼이 따르려고 했겠는가?

이 때문에 이러한 폐단을 고치는 데에는 모름지기 일대 변혁을 거쳐서 귀천을 말할 것이 없게 된 뒤에 훌륭한 왕이 나와서 그것을 제재하는 방법밖에 없다. 만약 폐단을 고치지도 못하면서 자세히 조사하여 사실을 밝혀내는 데만 얽매여 실제에 맞게 합당하게 처리하지 못한다면 역사서에서 말한 것처럼 결국 기강이 크게 무너져 윗사람을 능멸하는 풍조가 퍼질 것이다.

『동사강목』 제6상

강 정해년(987)|성종 6년| (중략) 가을 7월. 노비환천법을 제정하였다.

목 다음과 같은 교서를 내렸다.

"놓아주어 양인이 된 방량放良 노비는 시간이 흐르면 필시 그 본래 주인을 업신여길 것이다. 만일 본래 주인을 모욕하거나 본래 주인의 친족과 맞서려는 자가 있으면 다시 천인으로 되돌리도록 하라."

안 옛 주인을 업신여기는 방량 노비는 법으로 엄히 다스려야 한다. 풀려나 양인이 된 뒤에 노비 주인의 이름을 그대로 두어 경외심을 갖게 하는 것은 괜찮지만, 다시 천인으로 되돌리는 것은 지나치다.

『동사강목』 제6하

강 기묘년(1039)|정종 5년| (중략) 6월. (중략) 어미가 천인일 경우 자식도 천인으로 하는 종모법을 처음으로 제정하였다.

목 유형원은 다음과 같이 말하였다.

"어미가 천인일 경우 자식도 천인으로 삼는 법이 이때 비롯되었다. 어미만 알고 아비를 알지 못하는 것은 금수禽獸의 도道이다. 사람인데 금수와 같이 취급하는 것이 제대로 된 법이겠는가? 그런데도 그런 법이 있게 된 근본을 따져 보면 우리나라 풍속이 천한 사람을 소나 말처럼 부리는 데에 있다. 이렇게 부려 먹으면서 그 아비 쪽을 따르자고 하면 간통과 관련한 송사가 그치지 않아 번거로울 것이다. 그래서 어쩔 수 없이 이와 같이 했을 뿐이다. 그렇게 보면 종모법이 잘못된 것이 아니라 노비법이 잘못된 것이다.

후세에 이르러서는 그 종모법을 따르다가 어미가 양가良家의 딸일 경우에는 또 반드시 아비를 따르게 하여 천인으로 삼았으니, 이 법은 법이 아니다. 오직 사람을 천인으로 몰아넣기만 할 뿐이니, 잘못된 법 중에서도 가장 잘못된 법이다."

『동사강목』 제7상

순암은 전쟁 포로나 죄를 지은 자를 노비로 삼는 일은 있을 수 있다고 하면서도, 같은 사람끼리 사람을 재물로 삼는 이치는 없다고 한 유형원과 마찬가지로 노비 제도의 운용 방식에 대해서는 극력 비판하고 있습니다. 노비 제도 자체를 부정하는 것은 아니지만, 노비 제도를 매우 제한적으로만 인정하고 있다는 점에서 인류애에 바탕을 둔 무척 가치 있는 인식을 하고 있다고 할 수 있습니다. 특히 종모법에 대해서 그러했습니다. 여기에서 말하는 종모법은 아버지가 양인이라도 어머니가 종이면 자식도 종이 되는 것을 말합니다.

송시열 초상宋時烈肖像

송시열은 율곡 이이의 주기론을 발전시킨 기호학파 학자이자 노론老論의 영수로 정치적 영향력이 매우 컸습니다. 그는 노비 제도의 개혁을 위하여 사내종과 양인 아내 사이에 난 자식은 어머니 신분을 따르는 '노양처종모종량법'을 주장하였고, 이는 영조 때 실행되었습니다.

순암보다 약 1세기 전, 반계와 비슷한 시대를 살았던 우암尤庵 송시열宋時烈 역시 이 제도를 강력히 비판했습니다. 우암은 사내종이 양인 아내를 얻어 혼인하여 자식을 낳으면 자식은 종의 신분인 아버지가 아닌 어머니를 따라 평민이 되는 '노양처종모종량법奴良妻從母從良法'의 실시를 주장했습니다.

얼핏 보면 '종모'라는 말이 들어가서 반계가 비판하는 '종모법'과 착각하기 쉽지만, 실제로는 정반대의 취지를 가지고 있습니다. 조선 전기의 종모법이 노비의 숫자를 늘려 나가는 악법이라면, 노양처종모종량법은 노비의 숫자를 줄이고 평민을 늘려 나가는 정책입니다. 그리고 우암의 이 주장은 1730년영조6에 실행되기에 이르렀습니다. 여기에서도 순암의 보편적 시각을 발견할 수 있습니다.

제4장

사상

설사 불교에 신령스럽고 기이한 점이 있다 하더라도 이것은 인간 세상 밖의 황당무계한 가르침에 불과하니、 가족과 나랏일에 무슨 관련이 있겠는가? 제왕이 천하를 다스리는 데에는 본디 인륜과 법도가 있으니、 실로 그에 따라 하면 되지 다른 데서 찾을 것이 없다。 그런데도 군주로서 황홀하고 신기함에 빠져 이를 스스로 깨닫지 못하니、 이 무슨 까닭인가?

'지금, 여기'가 중요하다

불교는 '우리나라 역사'와 1천 년 이상을 함께해 온 사상이자 종교입니다. 고려 말부터 지식인은 편차가 있기는 했지만, 당시 사회의 폐단에 대한 해결책을 찾는 과정에서 성리학을 대안으로 생각하기 시작했습니다. 중요한 사실은 사상을 먼저 흡수하고 현실을 본 것이라기보다, 현실의 폐단을 발견하고 해결할 대안을 찾는 과정에서 사상이 눈에 들어온 것이라는 점입니다.

흔히 고려 말에 불교의 폐해가 드러났다고 하지만, 어느 문명이나 사상이 세월의 흐름을 이길 수는 없습니다. 사람이 늙으면 병들고 죽어 가듯이, 문명이나 사상도 마찬가지입니다. 물론 불교는 나라를 다스리는 제도나 사상이 아닙니다. 그러나 불교는 사람들의 수양을 통해서, 특유의 자비를 통해서 사회를 통합하고 건강한 긴장성을 유지해 주었지요.

그러나 시간이 지남에 따라 긴장감과 종교적 경건성이 균열되기 시작했고, 그 균열 사이로 사심私心이 들어서기 시작합니다. 사찰은 부를 축적했고, 늘어난 부에 비례하여 국가 재정이 줄어들었습니다.

무엇보다도 사회 전체의 재생산 기반인 농민의 경제 활동이 무너졌습니다. 터전을 잃고 떠돌아다니는 사람이 생겨났고, 차라리 사찰의 노비가 되기로 마음먹고 몸을 맡기는 백성이 속출했습니다. 살려다 보니 어쩔 수 없었지요. 가족이 파괴되고 경제적 재생산은 물론 노동력의 재생산, 교육의 재생산 구조가 무너져 내렸습니다. 이것이 고려 말의 현실이었습니다.

우리가 알고 있는 과전법科田法 등의 개혁 논의는 이런 상황에서 나온 것입니다. 흐트러진 사회를 바로잡는 데는 새로운 지식인층의 사상, 즉 성리학이 가장 유력한 방법이었습니다. 순암은 유가의 눈으로 불교를 보기 시작하고 한참이 지난 뒤에 태어났습니다.

순암은 372년소수림왕2에 전진前秦이 불상, 불경 등을 고구려에 보낸 일이나, 또 승려 아도阿道가 진나라에서 온 일을 '해동海東에 불법佛法이 들어온 시초'로 기록하고 있습니다. 신라가 불교를 받아들인 사실도 "이차돈異次頓이 죽은 이후부터 백성의 마음이 의아해하고 두려워하였고, 왕도 이에 유혹되어 드디어 불법佛法을 행하였다."라고 하면서 상세히 기록하였습니다.

강 무신년(528) | 신라 법흥왕 15년·고구려 안장왕 10년·백제 성왕 6년 | 신라 사인舍人 이차돈이 사형을 당하였다.

목 당초 눌지왕 때 승려 묵호자墨胡子가 고구려에서 일선군一善郡에 사는 모례毛禮의 집으로 와서 움집을 짓고 살았다. 이때에 중국에서 사신을 통해 향을 보내 주었는데, 왕이 용도를 알지 못하여 여러 신하에게 두루 물었으나 대답하는 사람이 없었다. 묵호자가 이것을 보고 말하였다.

"불가佛家에서는 불타佛陀·달마達摩·승가僧伽를 세 가지 보물로 칩니다. 이 향을 피워 놓고 원하는 것을 기도하면 반드시 신령한 반응이 있을 것입니다."

이때 공주가 병을 앓고 있었는데, 왕이 묵호자에게 향을 피우고 축원하게 했더니 병이 곧 나았다. 왕이 기뻐서 음식과 물건 등으로 후하게 사례하려 하였으나 묵호자가 사양하고 돌아갔는데, 어디로 갔는지 알 수 없었다.

소지왕 때에 아도 화상和尙이라는 승려 또한 시자侍者 3명을 데리고 모례의 집에 왔다. 모습이 묵호자와 같았는데, 얼마 후에 아픈 데도 없이 죽어 버렸다. 시자들이 그 집에 머물면서 불경을 강독하니, 이따금 이를 신봉하는 자들이 있었다.

이때 왕이 불교를 일으키고자 하였으나 신하들이 믿지 않아서 왕이 어렵겠다고 여겼다. 사인 이차돈|처도處道라고도 하는데, 『삼국유사』에 성은 박朴, 이름은 염촉厭髑이라고 하였다.|이 청하였다.

"소신의 목을 베어 논란을 진정시키소서."

왕이 신하들을 불러 의논하니, 모두 아뢰었다.

"지금 승려 무리를 보니 깎은 머리에 이상한 복장을 한 데다 말하는 것도 기괴하기만 하니, 지금 만일 이를 따르면 후회하게 될까 염려됩니다."

이차돈이 홀로 말하였다.

이차돈 순교비異次頓殉教碑
818년(헌덕왕10)에 법흥왕의 불교 공인 사적과 이차돈의 순교 장면을 새겨 세운 6각 석당石幢입니다. 이차돈의 목을 베자 젖처럼 흰 피가 솟구치는 모습을 볼 수 있습니다. 순암은 이런 이적異蹟에 대하여 비록 사실이라 하더라도 인간 세상 밖의 황당무계한 일이라고 비판하였습니다.

"지금 신하들의 말은 옳지 않습니다. 범상치 않은 사람이 있어야 범상치 않은 일을 할 수 있습니다. 불교는 교리가 심오하니 믿지 않을 수 없습니다."

왕이 말하였다.

"여러 사람의 말이 깨뜨릴 수 없이 확고한데, 너만 어찌 다른 말을 하느냐?"

그리고 형을 집행하는 관리에게 목을 베도록 명하였다. 이차돈이 죽기 직전에 말하였다.

"나는 불법을 위하여 처형을 당하는 것이니, 부처가 신령하다면 내가 죽을 때에 반드시 신령스런 일이 있을 것입니다."

목을 베자 잘린 자리에서 피가 솟구쳤는데, 젖처럼 하얀 빛깔이었다. 사람들이 이를 기이하게 여겨 다시는 부처를 헐뜯지 않았다. 이것이 신라 불법의 시초이다.

권근은 다음과 같이 말하였다.

"불교는 청정적멸淸淨寂滅하여 반드시 이 마음의 이치를 모두 비워 무無의 경지에 이르러야만 올바른 깨달음을 얻었다고 여긴다. 마음에 갖추어야 하는 것은 삼강오상三綱五常의 이치이다. 이것이야말로 잠시라도 떠나서는 안 되는 인간의 도리인데, 이것을 일체 없애는 것이 가당키나 한가? 양주楊朱가 자기만을 위하고[爲我], 묵적墨翟이 가리지 않고 모두 사랑한 것[兼愛]만으로도 맹자는 오히려 '아비도 무시하고, 임금도 무시한다.'하였는데, 불씨佛氏는 양주나 묵적보다도 더 심하다.

법흥왕이 불법을 일으키려 하자 신하들이 이를 배척하였으니, 진실로 타고난 지혜인 양지良知를 지녔다고 할 수 있다. 이차돈이 자기의 목숨을 아끼지 않고 불교를 일으키려는 계책에 찬성하였으니, 그는 화를 빚어낸 주체이고, 임금을 함정에 빠뜨린 신하라고 할 수 있다."

안 서역西域의 풍속은 술수를 잘 부리고 기예가 많은데, 불법이 더욱 그러하다. 그러므로 여러 가지 기이하고 신령스러운 일로 분명히 기록에 남아 전해지는 게 한두 가지가 아니다. 예컨대, 명나라의 영락永樂 연간1403~1424에 번승蕃僧을 시켜 영곡사靈谷寺에서 설법하게 했는데, 상서로운 구름에 아름다운 꽃, 푸른 사자, 흰 코끼리, 구름 속의 나한羅漢, 허공에 퍼지는 범패梵唄 불교에서 재를 올릴 때 부르는 것 같은 것이 나타난 특이한 일이 있었다. 신령스럽고 괴이한 현상을 이루 다 말할 수 없었다. 신하들이 모두 와서 축하하였고, 황제도 이를 계기로 불교의 전적을 탐독하였다. 영락제처럼 명철한 황제도 미혹되어 믿고서 속아 넘어간 줄을 몰랐다.

아, 설사 불교에 신령스럽고 기이한 점이 있어 실제로 이러한 일이 있었다 하더라도 이것은 인간 세상 밖의 황당무계한 가르침에 불과하니, 가족과 나랏일에 무슨 관련이 있겠는가? 제왕이 천하를 다스리는 데에는 본디 인륜과 법도가 있으니, 실로 그에 따라 하면 되지 다른 데서 찾을 것이 없다. 그런데도 군주로서 황홀하고 신기함에 빠져 이를 스스로 깨닫지 못하니, 이 무슨 까닭인가?

지금 흰 젖과 같은 피가 솟구쳤다는 괴이한 일도 호귀胡鬼 귀신가 보여 준 환상과 속임수인데, 온 나라가 이에 미혹되어 드디어 불법을 신봉하기에 이르렀고, 후세에 가서는 마침내 나라까지 망쳤으니, 경계하지 않을 수 있겠는가?

아도가 일찍이 절을 짓고 설법을 하는데 한겨울에 복숭아꽃과 오얏꽃이 피어서 그 산과 절을 도리桃李라고 이름하였다는 이야기가 세상에 전해진다. 이곳은 지금의 선산부善山府이다.

김종직金宗直이 지은 시가 있다.

도리산 앞에 핀 복숭아꽃 오얏꽃	桃李山前桃李開
묵호자가 떠나가니 도사 왔도다	墨胡已去道師來
누가 알았으랴? 신라의 빛난 왕업	誰知赫赫新羅業
모례의 움집 속에서 재가 될 줄을	終作毛公窟裡灰

참 슬픈 일이다.

『동사강목』 제3상

조선 시대 유학자의 기본 인식은 불교가 근거가 없고 허황하며 황당하고 거짓되다는 것이었습니다. 불교의 가르침대로 하면 가족과 나라를 유지할 수 없다고 보았습니다. 사람이 사는 세상은 현실 사회이고 이를 유지하는 것은 인륜이 있기 때문인데, 불교는 이 점을 부정한다는 것이지요. 그 미혹됨으로 인해 결국 나라가 멸망하게 된다는 것이 순암의 인식이었습니다.

순암이 살았던 시대는 조선이 건국된 지 3백 년 이상이 지난 뒤였고, 퇴계와 율곡 시대로부터도 2백 년이 흐른 시점이었습니다. 당시 조선 사람은 이미 불교가 아닌 유교적인 삶의 방식을 영위하고 있었습니다. 그러므로 불교에 대해 사뭇 비판적인 견해를 보이는 것은 어쩌면 당연한 일인지도 모릅니다. 하지만 중요한 것은 어떤 사상이든 현실과 접촉할 때 그 적용 과정에서 삐끗하는 경우가 있다는 사실입니다. 그리고 '삐끗하는' 것을 보고 비판하는 것은 자연스러운 일입니다. 그런 비판은 그 사상을 유지하든 다른 변혁을 추구하든 문제가 된 현실을 바로잡는 데 유효합니다. 순암의 불교 이해도 이런 관점에서 접근한다면 시의성이 있고 생산적인 논의로 발전 가능할 것입니다.

불교의 폐해를 밝히다

이어서 순암이 불교를 얼마나 비판적으로 보았는지 신라 팔관회八關會와 유명한 만파식적萬波息笛 관련 기사를 통해 살펴보겠습니다.

강 신미년(551) |신라 진흥왕 12년·고구려 양원왕 7년·백제 성왕 29년| (중략) 가을 9월. (중략) 신라가 처음 백좌강회百座講會와 팔관회를 열었다.

목 거칠부居柒夫 등이 고구려를 공격할 때에 승려 혜량惠亮이 무리를 거느리고 와서 길가에서 만났고 마침내 함께 와서 왕을 알현하였다. 이에 왕이 승통僧統으로 삼고, 처음으로 백좌강회와 팔관법을 개설하였다. 그 법은 매해 11월에 궁궐의 뜰에 승려를 모아 놓고, 수레바퀴 모양의 윤등輪燈을 한 곳에 설치하고 향등香燈을 사방에 벌여 놓으며, 장식한 천막[彩棚] 두 개를 연결해 놓고는 온갖 놀이와 가무歌舞를 하면서 복을 비는 것이었다.

'팔관'이란 "첫째 살생하지 않고, 둘째 도둑질하지 않고, 셋째 음란한 행위를 하지 않고, 넷째 거짓말하지 않고, 다섯째 술을 마시지 않고, 여섯째 높고 큰 상에 앉지 않고, 일곱째 사치스러운 옷을 입지 않고, 여덟째 관람을 즐기지 않는다."라는 것이다. '관關'은 '막는다'는 뜻으로 '여덟 가지 죄악을 금지하고 막아서 저지르지 않게 한다.'라는 것이다.

최부는 다음과 같이 말하였다.

"이것은 일종의 말라비틀어진 적멸寂滅의 계율일 뿐, 천하와 국가를 다스리는 일에 관계되는 것은 아니다. 천하와 국가를 다스리는 자는 또한 스스로 경계하는 것이 있다.

하늘을 공경하고 백성들이 제때 농사를 지을 수 있게 하라고 한 것은 요 임금의 경계이고, '조심하고 조심하라, 하루에도 만 가지 일이 일어난다.'라고 한 것은 순 임금의 경계이다. 색色에 빠지거나 사냥에 빠지거나 술을 즐기거나 집을 사치스럽게 꾸미는 것에 대해서는 우 임금이 자손에게 경계하였고, 삼풍 십건三風十愆 세 가지 나쁜 풍속과 열 가지 범죄은 탕 임금이 관직에 있는 이에게 경계한 것이다. 먼저 백성의 어려움을 알고 검소한 옷차림을 하고, 백성을 평안하게 하여 농사에 힘쓰게 하고, 놀고 사냥하기를 즐기지 말라고 한 것은 주 문왕과 무왕이 후대 왕에게 경계한 말이다.

이렇게 해야 천명과 민심을 보전하여 나라가 오래도록 융성하는 것인데, 팔관회는 나쁜 선례를 만들었으니, 그 죄가 크다."

『동사강목』 제3상

강 임오년(682) |신문왕 2년| 여름 5월. 만파식적을 만들었다.

목 해관海官 박숙청朴夙淸이 아뢰었다.

"동해 가운데 작은 산에 대나무 한 그루가 있는데, 낮에는 둘로 나뉘고 밤에는 하나로 합쳐집니다."

왕이 사람을 시켜 그것을 가져다 피리를 만들어서 월성月城 천존고天尊庫에 보관해 두었다. 이 피리를 불면 적군이 물러가고 병이 나으며, 가물 때에는 비가 내리고 장마가 졌을 때에는 개며, 바람이 불 때에는 고요해지고 파도가 심할 적에는 잔잔해져서 '만파식적'이라고 부르며 나라의 보배라고 일컬었다.

안 천지의 도는 오직 성誠뿐이다. 성은 실實이니, 일과 관련되면 실리實理가 되고, 쓰이게 되면 실사實事가 된다. 실리를 밝혀서 다른 의혹을 없애고, 실사를 행하여 거짓된 습성을 없애는 것이 군자의 도리이다. 이것이 격물格物·치지致知·성의誠意·정심正心의 학문을 귀하게 여기는 까닭이다.

신라 때에는 유학을 제대로 알지 못해 요사스러운 이야기가 횡행하여 사람들의 눈과 귀를 어지럽혔고, 방만하고 황당함이 습성처럼 되었다. 한 사람이 터무니없는 말을 만들어 내면, 여러 사람이 떼 지어 일어나 부화뇌동하였고, 심지어 온 나라가 휩쓸리다시피 하여 이런 일이 실제 있는 줄로 알기도 하였다. 하늘에서 내려 주었다는 진평왕의 옥대玉帶와 신문왕의 만파식적 따위가 바로 이런 것이다.

박숙청은 일개 변변찮은 해관으로 있으면서 허탄하고 망령된 말을 만들어 냈고 심지어 왕에게까지 아뢰었다. 왕은 마땅히 허와 실을 가려서 요망한 말을 한 자에게는 형벌을 내려 나라 사람들의 의혹을 풀어 주었어야 했다. 그런데 처벌하지 않았을 뿐만 아니라 덩달아 그 말을 믿어서 대나무를 가져다 피리를 만들고 국보라고 일컬었다. 그러면서 이 피리를 불면 군사가 물러가고 병이 나으며, 가뭄에는 비가 내리고 장마에는 날이 개며, 바람은 고요해지고 파도는 잔잔해진다고 하였으니, 위아래 할 것 없이 몹시도 어리석은 것이다.

그의 생각은 세상의 인심을 놀라게 하고 우롱하고자 한 것에 불과하다. 가령 그것을 불었는데도 군사가 물러나거나 병이 낫지 않고, 가뭄에 비가 오거나 장마가 개지 않고, 바람이 고요해지거나 파도가 잔잔해지지 않는다면 백성은 앞으로 누구를 믿겠는가? 생각하는 것이 참으로 졸렬하다. 그렇기에 선왕의 도는 성誠을 귀히 여기는 것이다.

『동사강목』 제4하

순암은 최부의 말을 인용하여 팔관회를 비판하였습니다. 불교의 팔관 역시 긍정적으로 평가할 수 있는 규범이었지만, 팔관회가 순암의 눈에 차지 않은 것은 그것이 '천하와 국가를 다스리는 일'이 아니라는 점이었습니다. 불교의 가르침을 따르면 가족과 나라가 유지될 수 없다는 관점과 통합니다.

그래서 불교의 '황당한 거짓말'은 비판을 받습니다. 만파식적이 대표적인 예입니다. 자연 현상과 피리 소리는 과학적 연관성이 없습니다.

순암의 표현대로라면 불교의 교리는 내실이 없는 것입니다. 여기서 내실은 진실하여 거짓됨이 없는 것, 바로 성誠에 근거를 둡니다. 자연 현상과 피리 소리 사이에는 성이 없는 것입니다. 우연히 그럴 수는 있지만, 인식할 수 있거나 사람들이 배워서 축적할 수 있는 것이 아닙니다. 이런 점 때문에 순암은 불교를 격물·치지·성의·정심에 맞는 학문이 아니라고 했습니다. 비슷한 관점으로 벼락 맞은 사찰과 사찰 열 곳의 창건을 더 소개합니다.

강 무술년(758)|경덕왕 17년| (중략) 가을 7월. 사찰 열여섯 곳에 벼락이 떨어졌다.

목 최부는 다음과 같이 말하였다.

"불교가 중국에 들어온 이래 요사스러운 이야기가 가득하여 사람의 마음을 파괴하였다. 그 화가 홍수나 맹수의 해보다 더 심하고 이적夷狄과 찬탈의 변고보다 더 참혹하였다. 그러므로 하늘이 몹시도 간절하게 경고한 것이다.

북위北魏와 남조南朝 양梁나라는 불법을 맹신하여 위나라는 영녕사永寧寺를, 양나라는 동태사同泰寺를 크게 창건하였다. 두 사찰에 각각 불이 나는 재난이 있었는데도 여전히 두려워할 줄을 몰라 재앙이 잇따랐다. 주자가 이를 『자치통감강목』에 특별히 기록하고 여러 번 써서 만세의 경계로 삼았다.

지금 신라에서 불교에 탐닉하는 것은 위나라와 양나라 때보다도

장륙존상丈六尊像 받침대

574년(진흥왕35)에 조성한 황룡사 장륙존상을 세워 놓았던 돌 받침대로, 금당터에 남아 있습니다. 『삼국유사』에 따르면 장륙존상의 무게는 3만 5천 7근이었다고 하고, 높이는 4.5미터 정도로 추정하고 있습니다. 최부는 신라에서 불교가 성행한 사례로 황룡사 9층 목탑과 함께 장륙존상을 들었습니다.

더 심하여 탑묘塔廟가 민간에까지 즐비하게 되었다. 9층탑도 있고, 6장丈이나 되는 불상도 있었다. 임금이 비구比丘가 되고 왕비가 비구니比丘尼가 된 경우도 있고, 시체를 불에 태우고 뼈를 바다에 뿌리는 경우도 있었다. 저들은 마음속으로 복을 받고 이익을 얻으리라는 것만 생각했지, 하늘이 진노하여 꾸짖고 훈계한다는 것을 어찌 생각이나 했겠는가? 영묘사靈廟寺에는 네 차례의 재난이 있었고, 황룡사黃龍寺에는 큰바람이 불어 불전 하나가 무너졌고, 9층탑에는 두 차례 벼락이 떨어졌다. 이 밖에도 사찰에 벼락이 떨어진 이야기는 역사 기록에 끊이지 않고 등장한다.

황룡사皇龍寺 복원 모형
진흥왕의 명으로 새 궁궐을 짓다가 황룡이 승천하는 모습을 보고 궁궐을 절로 바꾸어 황룡사라고 이름을 지었다고 합니다. 선덕 여왕 때에 완성한 9층 목탑은 신라 삼보三寶의 하나로 유명합니다. 최부는 황룡사 전각에 바람이 불어 무너지고 9층 목탑에 벼락이 친 것을 지적하면서 하늘이 이렇게 한 뜻을 두려워해야 한다고 말하였습니다.

이때에 이르러 또 벼락이 열여섯 곳에 떨어졌으니, 이러한 것으로 본다면 엄한 아비가 자식을 가르치는 것도 이처럼 간절할 수는 없을 것이다. 그런데도 저들이 어리석어 그 뜻을 알지 못하여 그러한 위험이 있는데도 안이하게 생각하고 그 재난을 이롭게 여겨 참람하게도 벼락이 떨어지면 재빨리 보수하면서 근신할 줄을 몰랐다. 이로부터 난신적자가 없는 때가 없어서 위기와 멸망이 뒤따랐던 것이다. 아비도 무시하고 임금도 무시하는 종교가 이처럼 참혹하게 사람과 나라를 해쳤다. 그런데도 훗날 불교에 탐닉하는 군주들은 어찌하여 조금도 깨닫지 못하는 것인가?"

『동사강목』 제4하

강 기묘년(919)|경명왕 3년·견훤 28년·고려 태조 2년| (중략) 3월. 고려

가 법왕法王·왕륜王輪 등 열 개의 절을 도성 안에 창건하였다.

목 법왕·왕륜 등 열 개의 절을 도성 안에 창건하고, 개경과 서경에 있는 탑과 초상肖像 가운데 망가지거나 흠이 난 것을 아울러 수리하게 하였다.

이때에 고려 왕이 음양오행설과 불교의 술법에 관심을 두니, 참모 최응崔凝이 간언하였다.

"전해지는 말에 '혼란스러운 시기에는 문치文治로 다스려 인심을 얻어야 한다.'라고 하였으니, 임금 된 자는 전란 때라도 반드시 문덕文德을 닦아야만 합니다. 불교와 음양술로 대업을 이루었다는 말은 듣지 못하였습니다."

그러자 고려 왕이 말하였다.

"그 말을 짐인들 어찌 알지 못하겠는가? 그러나 우리나라 민간 풍속은 부처와 귀신을 좋아하여 복을 받기를 바란다. 지금 전쟁이 그치지 않고 안위가 확실치 않아 아침저녁으로 정신없이 움직이며 어떻게 해야 할지를 모르는 상황이다. 그러다 보니 부처나 귀신의 은밀한 도움과 산천의 신령스런 감응으로 혹시 일시적인 효험이라도 볼 수 있지 않을까 해서 관심을 둔 것뿐이다. 어찌 이것이 나라를 다스리고 민심을 얻는 방법이라고 생각했겠는가? 난리가 평정되고 편히 살 수 있게 되어야 풍속을 고치고 아름답게 교화할 수 있을 것이다."

유계는 다음과 같이 말하였다.

"고려 태조가 나라를 세운 초기에 나라의 규모와 제도를 정비하느

송도松都

18세기 말에 편찬된 것으로 추정되는 지도집 『여지도輿地圖』 중 개성을 그린 지도입니다. 위쪽으로 영통사靈通寺 등 절을 여러 개 찾을 수 있습니다. 유계는 고려 태조 왕건이 종묘사직을 정하는 것보다도 먼저 절을 창건하였다고 비판하였습니다.

라 겨를이 없었는데, 종묘를 세우고 사직을 정하기도 전에 열 개의 절을 창건했으니, 어찌 그리도 선후가 뒤바뀌었단 말인가? 고려 태조는 신라 말기의 부처를 숭상하는 폐단을 개혁하지 못했을 뿐 아니라, 잘못된 것을 본받아 더욱 나빠지게 하기도 하였다. 후세에 자손들이 부처를 받들어 숭상하고 맹신하는 것을 깊이 책망할 수 없게 되었으니, 이것이 바로 고려가 늘 변혁하려 하면서도 오랑캐를 면하지 못한 이유이다."

『동사강목』 제5하

조선 건국 후 태조 때부터 절이 소유한 토지와 노비의 개혁, 도첩제度牒制의 시행 등을 통하여 불교의 폐단을 시정하려는 노력이 계속되었습니다. 하지만 인간의 삶과 죽음, 길흉화복吉凶禍福 등에 대한 불교적 관념은 쉽게 변할 수 있는 것이 아니었습니다. 제일 보수적인 삶의 양식이 장례 문화라는 말이 있지 않습니까? 죽음에 대한 관념은 참 바꾸기 어렵습니다.

이성계든 정도전이든 국가 경영의 새로운 사상적 대안으로 유학을 생각했다고 해도 사람들의 관념은 여전히 불교적인 데 머물러 있었습니다. 도교, 불교와 비교할 만한 유학의 생사관이 제시될 필요가 있었지요.

이미 주자도 이런 문제에 대해 상세한 논의를 한 적이 있고, 고려 말 조선 초의 지식인도 불교의 생사관을 유학의 생사관으로 전환시키기 위해 부단히 노력했습니다. 이들의 논리는 기氣의 모이고 흩어

공민왕恭愍王 부부 영정
공민왕과 왕비 노국 공주를 함께 그린 영정입니다. 원래 종묘의 공민왕 신당神堂에 있던 것입니다. 사관史官은 백성을 제대로 구휼하지 않고 내전에서 불교 서적 강론에 열중하는 공민왕을 비판하였습니다.

짐을 통해 인간의 생사를 설명하는 것이었습니다. 인간은 음양의 기운을 받아서 태어나고 그 기운이 쇠하면 죽어서 기가 흩어진다고 보았습니다. 불교의 윤회輪廻나 업보설業報說은 허구로 보았지요.

경연에서 이런 주제를 놓고 토론을 계속하는 과정에서 차츰 생사관이 바뀌어 갑니다. 1백 년 이상 시간이 걸렸습니다. 핵심은 불교가 치세治世를 담당할 수 있는가, 불교에서 말하는 복을 구하는 방법으로 재해나 질병 등을 해결할 수 있는가, 인간의 생사라는 궁극적인 문제를 어떻게 이해할 것인가 등이었습니다.

역사 공부는 이런 주제를 해결하는 데 적격이었습니다. 불교가 국가를 다스리는 데 어떤 효과가 있는지에 대한 많은 사례를 제시해 주기 때문입니다. 즉 불교가 중국이나 '동국'에 들어온 이래 불교를 숭상한 군주가 행한 정치의 잘잘못은 불교의 치세 효과를 알기 쉽게 비판할 수 있는 호재였지요. 대표적인 숭불崇佛 군주인 양 무제 때 생긴 불교의 폐단을 논의하고, 승려에 대한 단속을 강조하는 일 등은 무척 흔한 경연의 풍경이었습니다. 순암이 인용한 시남市南 유계의 말이 그 연장선에 있습니다.

『전등록傳燈錄』을 강론했던 공민왕을 비판한 사관의 글을 소개하는 것으로 순암의 의중을 대신하겠습니다.

강 신축년(1361) | 공민왕 10년 | (중략) ○ 8월. 왕이 날마다 내전內殿에서 불교 서적을 강론하였다.

목 왕이 승려 보인普仁 등을 내전에 맞아들여 날마다 『전등록』을 강독하게 하였다.

사신은 다음과 같이 말하였다.

"이때 사방에서 군사를 일으키고 연이은 가뭄으로 흉년이 들어 전사자의 해골이 들판에 뒹굴고 굶어 죽은 자의 시체가 길에 널렸다. 그러니 왕은 마땅히 두려워하고 근심하며 대신·학자들과 선왕의 도를 강론하고, 당시에 힘써야 할 일이 무엇인지 찾아 백성과 사직을 보전해야 했다. 그런데도 오히려 승려들을 불러들여 불교의 교리를 담론하는 데나 힘쓰며 심지心志를 상실하고 인의仁義를 멸시하였다.

그래서 마침내는 신돈辛旽을 공경하여 재상으로 삼고 나옹懶翁을 높여 스승으로 삼았다. 절을 크게 지어 노국 공주魯國公主의 명복을 빌고, 죄 없는 사람에게 사형이 내려져도 그들의 목숨을 지푸라기같이 여기고 구휼하지 않았다. 그리하여 궁궐 담장 안에서 재앙을 빚어 마침내 사방의 웃음거리가 되었으니, 이단이 나라에 해독을 끼친 것이 어찌 양 무제 때뿐이겠는가?"

『동사강목』 제14하

제5장

국제

우리나라 사람은 약했던 적이 없다。 땅의 기운과 사람의 기질이 약했던 적이 없는데、 천하에서 가장 약한 나라가 된 것은 다른 게 아니라 법률과 제도가 그렇게 만든 것이다。

대외 관계 서술의 원칙

순암의 국제 관계에 대한 견해를 알 수 있는 자료로 먼저 「범례」를 들 수 있습니다. 순암은 거기에서 명백한 기준을 제시하고 있습니다. 바로 정벌征伐과 조회朝會 조항입니다. 먼저 정벌 조항입니다.

> 하나. 중국과 우리나라는 대소大小와 화이華夷의 분별이 있다. 대국이 침략해 오는 경우야 마땅히 그에 대응해야 하지만, 그렇다 하더라도 우리나라가 먼저 침략하는 경우는 모두 '침범[犯]'이라고 적는다.|'침범'이라고 쓴 임상덕의 방식이 타당하다.|

다음은 조회 조항입니다.

> ○ 조회의 사례는 한·당·송·명나라같이 중국의 정통인 경우에는 "입조入朝하였다", "입공入貢하였다", "아무개[某]에게 들어가 하례하였다."라고 썼다. 요·금·원나라같이 이적夷狄인 경우에는 높여 섬

항해조천도航海朝天圖

1624년(인조2) 명나라로 가는 사신 일행이 곽산郭山에서 출발하는 장면을 그린 그림입니다. 당시에는 후금이 육로를 막고 있었기 때문에 바닷길을 택할 수밖에 없었습니다. 순암은 「범례」에 '조회' 조항을 두어 대외 관계를 기술하는 원칙을 밝혔습니다.

의순관영조도義順館迎詔圖

1572년(선조5) 명나라 사신 일행을 의주義州 의순관에서 맞이하는 장면을 그린 그림입니다. 조선 시대에 중국에서 온 사신이 압록강을 건너면 의순관에 여장을 풀고 머물곤 하였습니다. 순암은 사신이 오는 경우와 사신의 특성에 따라 서술 기준을 마련해 놓았습니다.

졌더라도 그 말을 간략히 하여 "사신을 ……에 보냈다."라고만 썼다.|원나라는 정통을 이었고 고려가 신하의 위치에 있었으니 경우가 다르다. 그런데도 요·금나라의 예로 처우한 것은 중화中華의 정통과 구별하기 위해서이다.|

하나. 대국 사신이 왔을 때 중국의 정통이면 사안을 갖추어 썼고, |"아무 벼슬[某官]의 아무개[某]를 사신으로 보냈다."라고 한 경우| 이적이면 간략히 하여 "어떤 나라[某國]가 사신을 보내왔다."라고 쓰거나 "아무개 사신이 왔다."라고만 썼다.

하나. "방문하다[聘]", "바치다[獻]", "답례하다[報]", "사례하다[謝]", "사신을 ……에 보냈다." 등 이웃 나라와의 교류에 대해 서술한 말은 상황에 맞게 선택해서 썼는데 원래의 기록에 있는 그대로 쓴 것이 많다. 사신이 어질면 관직과 성명을 썼고, 사안이 중대한 경우도 같은 방식으로 하였으며, 나머지는 모두 간략히 하였다.|"사신을 보냈다."라고만 썼다.| 사신의 이름을 써야 하는데도 쓰지 않은 것은 역사서에 기록되어 있지 않기 때문이다.

○ 해마다 정기적으로 보내는 사절단[年例節使]은 처음에 보냈을 때 쓰고 그것이 연례행사가 되었음을 주석으로 설명하였다.|예를 들어 새해 축하·생신 축하에 예물을 가지고 가는 사신의 경우 처음으로 보낼 때 상세하게 서술하고 "이때부터 연례행사가 되었다."라고 덧붙여 이후의 일까지 다 쓸 필요가 없게 하였다.|

으레 오는 중국 사신도 다 쓸 필요가 없으므로, 사안에 따라 서술

하였다.|삼국 초기에는 상국上國에 조빙朝聘한 일이 매우 드물었으므로 사안이 없는 경우에도 사신에 대해 썼다.|

하나. 회견·우호·인질 교환·결혼은 사안에 따라 그 조문을 넣었다.

하나. 상喪을 알리는 것이 중국이면 "사신을 보내어 상을 알려 왔다." 하고,|황태후 이하의 상에는 쓰지 않았다.| 오랑캐면 "사신을 보내와서 그 임금의 상을 고하였다."라고 썼다.

하나. 항복에 대한 사례에는 우리나라가 상국에 복종하는 것도 있고 소국이 우리나라에 와서 복종하는 것도 있는데, 모두 사안에 따라 쓰되 원래의 기록에 있는 그대로 썼다.

하나. 땅을 남에게 준 것은 사안에 따라 그 조문을 넣고,|고려가 9성城을 돌려준 경우| 상국이 땅을 우리나라에 준 것도 그와 같이 하였다.|원나라가 동녕부東寧府를 돌려준 경우|

하나. 우리나라의 화와 복, 행과 불행이 언제나 중국과 상관이 있었고 역대로 섬겨 왔기 때문에, 나라가 망하거나 새 왕조가 들어서는 것 같은 큰일은 당연히 썼다.

○ 이웃 나라의 흥망은 당연히 썼다.|공손연公孫淵·모용慕容의 연燕나라와 발해·요나라·금나라·동진東眞의 경우|

○ 산융山戎,|말갈·거란·여진의 경우| 도이島夷|일본·유구琉球의 경우|와 서로 우호하고 침략한 일은 다 썼다.|여진은 경계가 서로 접해 있어 근심거리가 된 지 오래였고, 일본 또한 바다를 사이에 두고 서로 교류한 지 오래되었다. 옛 역사서에는 "언제[某時] 어떤 나라[某國]가 쳐들어왔다."라고만

되어 있고, 풍속·기후·연대·사실은 생략하여 쓰지 않았기 때문에 이제 사안에 따라 조문을 넣어 자세히 썼다. ○ 삼국 때에 왜와 화친하거나 싸운 것이 우리나라 역사서에 나타나지 않은 경우, 왜의 역사서에서 보충해 넣었다.|

주체적 사대가 가능하다

순암은 '중국과 우리나라는 대소와 화이의 분별이 있다.'라고 생각하였습니다. 이는 사대事大 관념입니다. 그런데 이 사대 관념에 대해 지나친 피해 의식을 가진 사람도 있는 듯합니다.

사대라는 말은 『맹자』에 나옵니다. 그런데 맹자는 '사대'라는 말과 함께 '사소事小'라는 말도 썼습니다. 처음에는 이런 어법을 어떻게 표현해야 할지 몹시 고민스러웠습니다. '사대'까지는 많이 들어 봤지만, 과연 '사소'가 무슨 메시지일까 싶었습니다. 내용을 먼저 볼까요?

> 제 선왕이 물었다.
>
> "이웃 나라와 외교 관계를 맺는 데 원칙이 있습니까?"
>
> 맹자가 대답하였다.
>
> "있습니다. 오직 어진 군주라야 대국이면서도 소국을 섬길 수 있습니다. 이런 까닭으로 상나라 탕 임금이 갈백葛伯을 섬기고, 주 문왕은 곤이昆夷를 섬겼던 것입니다.
>
> 지혜가 있는 군주라야 소국으로서 대국을 섬길 수 있습니다. 그래

서 주나라 태왕太王이 훈육獯鬻을 섬기고 월越나라 왕 구천句踐이 오吳나라 왕 부차夫差를 섬긴 것입니다. 대국이면서도 소국을 섬기는 자는 천명을 기꺼이 받아들이는 자이고, 소국으로서 대국을 섬기는 자는 천명을 두려워하는 자입니다. 천명을 기꺼이 받아들이는 자는 천하를 보존하고, 천명을 두려워하는 자는 자신의 나라를 보존할 수 있습니다."

『맹자』「양혜왕 하」

사소는 인仁의 스펙트럼에서, 사대는 지智의 스펙트럼에서 가능한 대외 관계이자 외교 정책입니다. 맹자가 말하는 크고 작음의 문제는 주로 국가의 영토를 포함한 물리적 크기를 위주로 한 말입니다. 그리고 그것은 다시 주어진 조건을 즐겁게 인정하는 태도와 주어진 조건을 두려워할 줄 아는 태도로 연결됩니다.

사소 - 인 - 주어진 국제적 관계 속에서 상대를 인정함
사대 - 지 - 주어진 국제적 조건 속에서 자신의 나라를 보존함

국제 관계는 객관적 조건입니다. 의지 이전에 인구, 영토, 문명의 수준 등 주어진 상황에 의해 힘의 강약이 결정됩니다. 맹자는 사대와 사소를 조건에 안주하는 태도로 보지 않았습니다. 그랬다면 굳이 '인'과 '지'라는 능동적 태도를 결부시키지 않았을 것입니다. 안주하지 않기 때문에, 거기서 적극적 가치를 구현하려고 했기 때문에 맹자는

'인'과 '지'라는 정책이자 덕목을 포괄하는 태도를 요구한 것입니다.

그러면 맹자가 얻고 싶은 결과는 무엇이었을까요? 바로 천하를 보존하고, 나라를 보존하는 것입니다. 현대적 의미에서 보면 우리가 선린 우호 관계를 맺고, 상호 존중 관계를 유지하는 것입니다. 국력의 크기와 상관없이 자기가 갖고 있는 군사력이나 경제력 같은 우월한 힘을 휘둘러서 상대편이 상하는 일이 없도록 배려하는 것이 무엇보다 중요합니다. 이것이 바로 사소의 어진 태도입니다. 큰 나라의 제도와 문화를 인정하고 안정적 관계를 유지하는 것이 중요합니다. 이것이 바로 사대의 지혜입니다. 그 궁극의 목표는 평화적 국제 관계였습니다.

강 임술년(1262)|원종 3년| (중략) 가을 9월. 낭중郎中 고예高汭를 몽골로 파견하였다.

목 몽골 임금이 안탈按脫·능철아夌徹兒 등을 보내와 새매[鷂子]와 좋

동래부사접왜도東萊府使接倭圖

동래 부사가 일본 사신을 접대하는 장면을 겸재謙齋 정선鄭敾이 그렸다고 전하는 널 폭 병풍 그림입니다. 왼쪽 세 폭에서 일본 사신이 객사客舍 뜰에서 조선 국왕의 전패殿牌에 절하는 모습과 동래 부사가 사신 일행에게 잔치를 베푸는 모습을 볼 수 있습니다. 순암은 교린 관계에 있는 이웃 나라에 사신을 보낸 경우는 대체로 간략하게 썼다고 하였습니다.

은 구리 2만 근을 요구하였다. 좋은 구리는 놋쇠를 말하는 것인데, 고려에서는 생산되지 않아 중국에서 다시 사들인 것이다. 이에 재추宰樞와 6품에까지 명을 내려 놋쇠를 거두어 612근을 얻고, 아울러 새매 20마리를 고예를 통해 바쳤다.

몽골 임금이 고려가 속임수를 쓴다고 생각하여 조서를 내려 꾸짖었다.

"경卿이 상국에 예속隷屬된 후, 아뢰는 것이 있으면 모두 허락하여 뜻을 따라 주었다. 예컨대 고려의 의관을 바꾸지 않은 것, 주둔한 군사를 철수한 것, 강화도를 버리고 육지로 나온 것, 사로잡혀 온 자의 귀국을 허락한 것 등등 매우 많아서 모두 다 말하기도 어

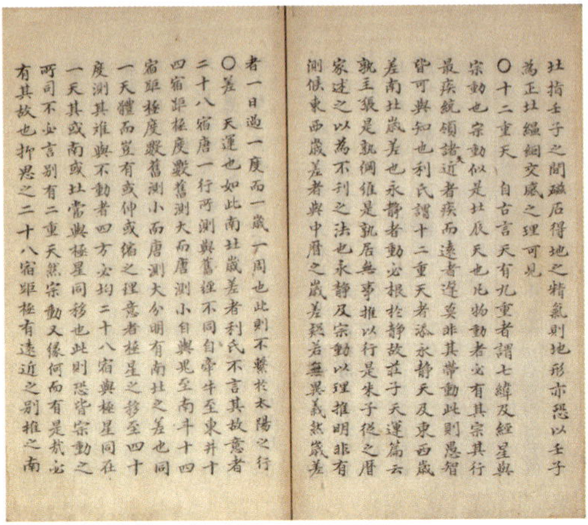

성호사설星湖僿說
중농주의 실학자를 대표하는 성호 이익李瀷이 지은 책입니다. 백과전서百科全書의 성격을 띠고 있는데, 모두 3천 7편의 항목이 수록되어 있습니다. 순암은 우리나라가 전통적으로 가진 것을 지키는 것만 좋아하고 정벌하는 것은 싫어하며, 부지런히 큰 나라를 섬기고 천명을 두려워하는 정책을 썼다는 성호의 논의를 인용하였습니다.

렵다. 어찌 진기한 새와 좋은 구리를 두고 우리를 속일 거라고 생각이나 했겠는가? 멀리 있든 가까이 있든 새로 부속된 나라는 반드시 볼모를 들이고 호적을 바치며, 역참驛站을 두고 군사를 내며, 군량을 운반하여 군대를 지원하고 있다. 고려는 지금 볼모를 들인 것 한 가지 외에 나머지는 모두 행하지 않고 있으니, 경은 마땅히 헤아리고 의논하여 사유를 갖추어 아뢰도록 하라."

또 고려의 반역자 우정于琔과 육자양陸子襄의 가족을 다 호위하여 보내라고 칙령을 내렸다.

이에 다시 고예를 보냈는데, 네 가지 일 모두 조서대로 명을 받들지 않으면서 두 역적의 가족을 보내는 것에만 그쳤다. 그러자 몽골 임금은 노하여 회답하는 조서조차 내리지 않았다.

홍다구洪茶丘가 또 영녕공永寧公 준綧이 황태자를 모욕하였다고 참소하니, 몽골 임금이 더욱 노하여 준의 군사와 말을 빼앗고, 홍다구에게 귀순한 고려 군사와 백성을 관장하고 거느리게 하였다. 홍다구는 총애와 신임을 받게 되자 더욱 심하게 고려를 참소하고 헐뜯었다.

『성호사설星湖僿說』에 다음과 같이 말하였다.

"우리나라는 천하에서 가장 약한 나라이다. 땅이 한쪽으로 치우쳐 있고 백성이 가난할 뿐만 아니라, 기자가 봉해진 이래로 문화 교육이 끊이지 않아 모두 '예의 바른 나라[禮義之邦]'라고 하였다. 그런데 문화 교육이 행해지면 전쟁 준비가 소홀해지는 것도 당연한 형세이다. 가신 것을 지키는 것만 좋아하고 정벌하는 것은 싫어하며, 부지런히 큰 나라를 섬기고 천명을 두려워하였다. 3천 년 동안을 이렇게 해왔고, 이 원칙을 어기기라도 하면 언제나 혹독한 대가를 치렀으니, 모두 거울삼을 만하다.

몽골 황제가 곧바로 의관을 고려의 풍속대로 하라고 허락한 데에는 이유가 있어서였다. 만약 또다시 북쪽 풍속을 그대로 좇도록 하여 몽골의 한 지방이 되어 활 쏘고 말 타며 전투에 익숙해지도록 둔다면, 우리나라도 요나라나 금나라처럼 될 텐데, 그렇게 된 뒤에 원나라와 다투게 되면 원나라가 쉽게 우리를 제압하지 못할 수도 있다. 그것보다는 차라리 압록강을 경계로 삼아 큰 갓 쓰고 긴 띠를 매고 붓을 잡고 글을 읽으며 문장을 짓는 데에 슬기를 쓰고 과거를 보는 데에 힘을 쏟도록 내버려 두어 공물을 바치고 왕을 조회하는 데에나 마음을 쓰게 하는 것이 낫다는 것이 원나라 황제의 뜻이었을 것이다."

천조장사전별도天朝將士餞別圖

18세기 초에 그린 그림으로 임진왜란에 참전하였다가 철군하는 명나라 군대를 환송하는 장면입니다. 가운데에 높이 앉아 있는 사람이 명군 총사령관인 군문軍門 형개邢玠입니다. 이때 명나라 장수 유정은 조선 군사 천 명을 모집해 갔는데, 그들은 일당백一當百의 용사였다고 합니다.

안 우리나라가 비록 약하긴 하지만, 옛날 삼국 시대에는 오로지 무武를 숭상하는 데 힘썼기 때문에 고구려는 선비를 항복시키고 말갈을 복속시키고 부여를 병탄하였다. 그래서 중국에서 항상 근심거리로 여겼다. 수나라와 당나라는 천하의 군사를 가지고도 끝내 우리나라를 병탄하려는 뜻을 이루지 못하였다.

백제는 좁고 작은 나라로서 거의 망할 때가 되어서도 당나라와 신라가 군사를 일으킨 지 여러 대 만에야 겨우 평정할 수 있었다. 신라는 지금 영남의 한 구역에 있으면서도 멀리 일본을 치고, 고구려와 백제를 병탄할 수 있었다.

이근행李謹行·설인귀薛仁貴는 전쟁 경험이 많고 이름난 당나라 장수인데도, 여러 번 패하며 혈전을 벌인 다음에야 마침내 우리나라를 평정할 수 있었으니, 우리나라는 약했던 적이 없었다. 강항姜沆은 이렇게 말하였다.

“일본 사람이 우리나라 사람과 씨름을 하면 우리나라 사람을 당해내지 못한다.”

최부는 이렇게 말하였다.

“중국 사람이 가장 겁이 많고 나약하기 때문에 우리나라에서 귀화한 사람을 뽑아서 군대를 만들었는데, 우리나라 사람 하나가 중국 사람 열이나 백을 당해 낼 수 있었다.”

명나라 장수 유정劉綎이 귀국할 적에 우리나라 군사 1천 명을 모집했는데, 도처에서 성공을 거두자 다음과 같이 말하였다.

"중국 사람 열 명이 사천四川 지방의 군사 한 명을 당하지 못하고, 사천 지방의 군사 열 명이 조선 병정 한 명을 당하지 못한다. 형세를 알고 변화에 대응하여 스스로 싸우되 나아가는 것만 있고 물러가는 것은 없으니 조선 병정만 한 것이 없다."

이런 몇 가지 설로 미루어 본다면 우리나라 사람은 약했던 적이 없다. 땅의 기운과 사람의 기질이 약했던 적이 없는데, 천하에서 가장 약한 나라가 된 것은 다른 게 아니라 법률과 제도가 그렇게 만든 것이다.

신라가 통일한 이후로 대국 당나라를 섬겨 중화의 풍속을 사모하고 문화를 숭상하면서 무력은 점점 약해졌다. 고려 광종 이후에는 또 과거 제도를 실시하여 온 나라 사람이 다 그 속으로 들어가서 재주와 기개, 지혜와 생각을 문장 해석과 작품 짓는 데 써서 남는 힘이 없었다. 적군이 국경에 다다르면 오직 중국에 표문表文을 올려서 애걸하는 것을 제일 좋은 계책으로 삼았다. 대대로 모두 그리하였으니 슬프도다.

『동사강목』 제11상

우리 역사에서 원 간섭기는 누구에게나 좋지 않은 기억일 것입니다. 순암은 "우리나라는 천하에서 가장 약한 나라이다."라는 성호 이익의 말을 인용합니다. 이익은 땅이 한쪽으로 치우쳐 있고 백성이 가난할 뿐만 아니라, 기자가 봉해진 이래로 문화 교육이 끊이지 않다 보니 전쟁 준비가 소홀해졌기 때문에 약해진 것이라고 생각했습니다.

그리하여 대국을 거스르지 말아야지, 거스르면 반드시 혹독한 대가를 치렀다고 말합니다. 다소 패배주의적인 느낌이 나는 발언입니다.

그래서인지 이어지는 순암의 말은 성호의 말에 대한 반론 느낌이 듭니다. 순암은 우리나라가 약하지만 전에는 굳세었다는 데 방점을 찍습니다. 그리고 강항, 최부 등의 말을 인용하여 조선 사람의 강인한 사례를 제시하였습니다. 약해진 이유는 신라가 통일한 뒤 당나라를 모델로 한 법률과 제도 때문이라고 보았습니다. 결국 기본 기조는 성호와 비슷해진 셈입니다. 우리나라가 약해진 이유, 과연 어디에 있을까요?

강 을유년(685) |신문왕 5년| 봄. 처음으로 9주州와 5경京을 설치하였다.

목 처음에 문무왕이 두 나라를 평정하였으나, 나라 안에 일이 많아서 영토를 구획할 겨를이 없었다. 이때 하주下州를 없애고 완산주完山州를 다시 설치하고, 거열주居列州를 나누어 청주菁州를 두어서 비로소 9주를 갖추었다. 원래의 신라 땅 경내에 3주를 두었는데, 왕성王城 동북의 당은포로唐恩浦路는 사벌주沙伐州로, 왕성 남쪽은 삽량주歃良州로, 서쪽은 청주菁州로 하였다. 백제의 경계에도 3주를 두었는데, 옛 왕성 북쪽 웅진구熊津口는 웅천주熊川州로, 서남쪽은 완산주完山州로, 그다음 남쪽은 무진주武珍州로 하였다. 고구려의 땅은 모두 당나라에 소속되어서 그 남쪽 경계만을 얻어 3주를 두었는데, 서쪽으로부터 첫 번째를 한산주漢山州, 다음 동

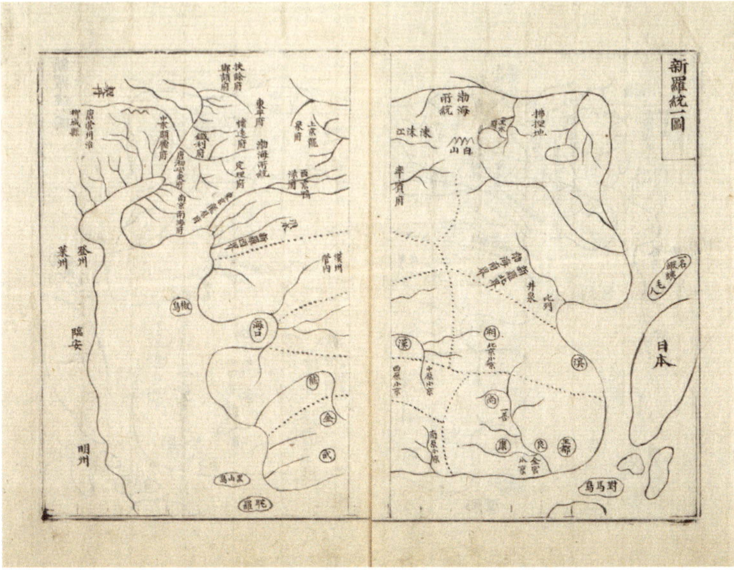

신라통일도新羅統一圖

『동사강목』「권수」 지도에 실려 있는 통일 신라의 강역 지도입니다. 통일 신라는 수도 경주가 국토의 오른쪽에 치우쳐 있는 것을 보완하기 위하여 각지에 5소경을 두고, 옛 신라·백제·고구려 지역에 각각 3개의 주를 설치하여 행정 구역을 정비하였습니다. 순암은 삼국 통일 과정에서 고구려 영토 대부분을 상실한 것을 안타까워하였습니다.

쪽을 수약주首若州, 또 그다음 동쪽을 하서주河西州|곧 아슬라주阿瑟羅州|라고 하였다.

서원西原·남원南原 2경을 더 설치하여 5경이 비로소 정비되었다. 북원北原은 수약주에, 중원中原은 한산주에, 금관金官은 삽량주에, 서원은 웅천주에, 남원은 완산주에 소속시켰으니 지세가 훌륭하고 도회지가 형성된 지역을 가려서 설치한 것이다.

한백겸은 다음과 같이 말하였다.

"나라를 세우고 도읍을 정할 때에는 규모를 크게 해야 하고 형세를 잘 살펴야 한다. 신라가 통합한 초기와 당나라 군대가 철수한 뒤에 곧바로 도읍을 국토의 중앙으로 옮겨 사방의 변경을 제어했더라면 고구려의 옛 강토를 우리가 거둬들일 수 있었을 것이고, 요동遼東·심양瀋陽·부여夫餘 땅이 우리 영토가 되었을 것이다.

그러나 신라의 임금과 신하가 남의 힘으로 일을 이룩하다 보니 쉽사리 만족하였고, 한쪽 모퉁이에서 안일하게 지내는 것을 탐한 나머지 서북쪽 반절의 땅을 헌신짝 버리듯 하였다. 거란과 여진이 국경 밖에서 강성해져, 신라가 망할 때부터 고려가 망할 때까지 7백여 년 동안 강토 안에 전쟁의 참화가 없어지지 않고 하루도 편할 날이 없었으니 한탄스럽다."

『동사강목』 제4하

구암久菴 한백겸의 말을 인용하여, 순암은 신라의 통일로 인하여 나라의 규모가 줄어든 데 대해 안타까움을 보였습니다. "신라의 임금과 신하가 남의 힘으로 일을 이룩하다 보니 쉽사리 만족하였고, 한쪽 모퉁이에서 안일하게 지내는 것을 탐한 나머지 서북쪽 반절의 땅을 헌신짝 버리듯 하였다."라는 것이 핵심적인 이유였습니다.

시간은 지났지만 이렇게 말한 것은 명나라에서 청나라로 바뀔 무렵에 겪었던 병자호란을 의식한 것이 아닐까 생각해 봅니다. 이익은 아예 '약한 나라'라고 인정하고 들어갈 수밖에 없었고, 순암은 '약한 나라'라고 인정하기는 싫지만 현재 그러하다는 것을 인정할 수밖에

호병도胡兵圖
18세기에 청나라 군사의 모습을 사실적으로 묘사한 진재眞宰 김윤겸金允謙의 그림입니다. 오랑캐라고 얕보았던 청나라에게 굴욕을 당한 병자호란의 충격은 조선 시대 사대부들에게 깊은 상처로 남았습니다. 순암도 마찬가지였습니다.

없었던 심정이 읽힙니다. 청나라에 당한 '좌절을 인정해야 하는 현실'이 깔려 있는 것이지요. 문득 다음과 같은 말이 떠오릅니다.

> 사람의 기강에서 사유四維 예의염치禮義廉恥를 갈라내고 하늘에서 해와 달을 갉아먹어, 8조 금법이 있던 유서 깊은 나라, 소중화小中華라는 이름이 있는 나라를 칠흑 같은 어둠 속에 길에는 짐승과 새 발자국만 남은 나라가 되게 하려 한다. '슬프다, 석두성石頭城이여!'라는 노래가 다시는 불리지 않고 군부君父는 수척해 가니, 어찌 두렵지 않으며, 어찌 애통하지 않겠는가?

『존재집存齋集』 권17 「춘추대의변春秋大義辨」

순암과 같은 시기를 산, 후배쯤 되는 존재存齋 위백규魏伯珪가 한 말입니다. 석두성은 송나라와 제나라의 도읍지인 건강建康의 별칭으로, 지금의 난징南京입니다. 당시 백성은 "슬프다 석두성이여! 원찬袁粲처럼 죽을지언정, 언회彦回처럼은 살지 마세."라는 노래로 언회의 변절을 비꼬았다고 합니다. 저연褚淵의 자가 언회인데, 송나라가 망한 후에 제나라에서 벼슬한 것을 미워한 것입니다. 순암과 존재 사이에 흐르는 공통된 정서를 느낄 수 있습니다.

능동적 외교 전략의 조건

이제 힘의 논리가 지배하는 국제 관계 속에서 약소국이 써야 할 외교 전략에 대하여 생각해 보겠습니다. 먼저 유명한 서희의 외교 담판 기사입니다.

강 계사년(993)|성종 12년| (중략) 서희徐熙가 거란의 진영으로 가자, 거란이 철군하여 북쪽으로 돌아갔다.

목 왕이 화통사和通使로 합문사인閤門舍人 장영張瑩을 거란의 진영으로 보냈는데, 소손녕蕭遜寧이 말하였다.

"대신으로 다시 보내어 군문軍門 앞에서 면대面對해야 할 것이오."

장영이 돌아오니, 왕이 여러 신하를 모아 놓고 물었다.

"누가 거란의 진영에 가서 말로써 적군을 물리쳐 영원히 남을 공적을 세울 수 있겠는가?"

여러 신하 중에 응답하는 사람이 없었는데, 서희가 가기를 청하였다. 왕이 강가에 나가 그를 전송하면서 손을 잡고 위로하여 보냈다. 서희가 외교 문서를 받들고 소손녕의 진영에 가서 통역에게 상견례를 어떻게 해야 할지를 물어보게 하였다. 소손녕이 말하였다.

"나는 큰 나라의 귀한 사람이니 뜰에서 절을 하라."

그러나 서희가 대답하였다.

"신하가 임금을 대할 때는 뜰아래에서 절을 하는 것이 예의지만, 두 나라의 대신이 서로 만나 보는 자리에서 어찌 그렇게 할 수 있겠는가?"

상견례 문제로 두세 차례 말이 오갔으나 끝내 허락하지 않았다. 서희는 화를 내고 돌아와서는 관소館所에 누워 일어나지 않았다. 그러자 소손녕은 마음속으로 남다르게 여기고는 곧 대청에 올라와서 상견례를 행하도록 허락하였다. 서희가 군영 문에 당도하여 말에서 내려 들어가 소손녕과 뜰에 마주 서서 인사하고 대청에 올라가서 상견례를 행한 다음 동서로 마주 대하고 앉았다. 소손녕이 말하였다.

"너희 나라는 신라 땅에서 일어났다. 고구려 땅은 우리 소유인데, 너희 나라가 이 땅을 갉아먹고 있다. 또 우리와 국경을 접하고 있음에도 바다를 건너 송나라를 섬기니, 이 때문에 와서 치는 것이다. 지금이라도 땅을 떼어 바치고 조회를 한다면 무사할 것이다."

서희가 말하였다.

"아니다. 우리나라는 옛날 고구려를 계승한 나라이다. 그런 까닭에 나라 이름을 '고려'라 하고 도읍을 평양에 정하였다. 만약 땅의 경계를 논한다면 상국上國 거란의 동경東京도 모두 우리의 경내에 있는데, 어찌 우리더러 갉아먹는다고 하는가? 더구나 압록강 안팎

역시 우리 경내인데, 지금 여진이 그 사이를 점거하여 교활하고 변덕스럽게 길을 막고 통하지 못하게 하여 바다를 건너는 것보다 더 어렵게 되었다. 조빙朝聘을 못하는 것은 실로 여진 때문이다. 만약 여진을 쫓아 버리고 우리의 옛 땅을 돌려주어 성보城堡를 쌓고 도로를 통하게 한다면, 어찌 감히 조빙을 하지 않겠는가? 장군이 만일 이 말을 귀국의 황제에게 알린다면 어찌 딱하게 여겨 받아들이지 않겠는가?"

서희의 말씨와 낯빛이 비분강개한 모습이었다. 소손녕이 강요할 수 없음을 알고 드디어 자기 임금에게 사실대로 아뢰자 거란주契丹主가 말하였다.

"고려가 이미 화친하기를 청하였으니, 군사를 철수하라."

소손녕이 잔치를 베풀어 위로하려 하자, 서희가 말하였다.

"우리나라가 비록 도리에 어긋나는 일을 한 것은 아니지만, 상국의 군사를 이처럼 멀리 오게 하였고, 장수와 병사들이 불안하고 초조한 마음으로 병기를 쥐고 여러 날을 한데서 지내게 하였다. 그러니 어찌 차마 잔치를 즐길 수 있겠는가?"

그러자 소손녕이 말하였다.

"두 나라의 대신이 서로 만나는 자리에 어찌 잔치의 예가 없을 수 있겠는가?"

굳이 청하므로 허락하고 실컷 잔치를 즐긴 뒤에 끝마쳤다. 서희가 그의 진영에 머무른 지 7일 만에 돌아오는데, 소손녕이 낙타와 말, 비단을 매우 많이 주었다. 왕이 서희가 돌아온다는 소식을 듣고 크

거란 문자를 새긴 동경銅鏡
거울꼭지를 중심으로 거란 문자가 있는 청동 거울로, 개성에서 출토되었습니다. 거란의 1차 침입 때 서희는 소손녕과 외교 담판을 통하여 침략을 막고 강동 6주를 획득하였습니다. 이후 고려는 두 차례 더 거란의 침략을 받았고, 거란의 강압으로 송나라와의 외교 관계를 단절하고 거란의 책봉을 받기도 하였습니다.

게 기뻐하며 강가에 나가 맞이하였다. 드디어 군시를 천수하였다 최부가 다음과 같이 말하였다.

"소손녕이 쳐들어와 봉산蓬山을 격파하고 선봉을 사로잡아 크게 위력을 떨치니, 성종은 급히 도성으로 돌아가 국토를 떼어 주자는 의논을 따르려 하였다. 그러나 서희가 그 의논에 반박하여 그들과 한번 싸우기를 원하였으니, 곧 구준冠準이 거란과 화해하지 말고 황제가 직접 정벌해야 한다고 주장한 것과 같은 것이다. 또 사신으로 가서 뜻을 굽히지 않아 오랑캐를 두려워 떨게 하여 마침내 화친을 맺게 되었으니, 부필富弼이 거란의 군영을 방문하여 담판을 지은 것만 못하겠는가? 당시에 만약 서희가 없었더라면 절령岊嶺 이북을 보존할 수 있었겠는가?"

안 일단 싸워 보고 화친을 요구해야 화친이 이루어질 수 있다. 만약 적을 두려워하여 화친만을 주장한다면, 적에게 온갖 농락과 능멸을 당할 것이다. 이때 만약 대도수大道秀의 전승戰勝과 서희의 굽히지 않는 의지가 없었더라면 화친이 성사되지 않았을 수도 있고 적의 무한한 요구를 채워 주자면 갖은 곤란을 겪었을 것이다. 이는 후세의 귀감이 될 만하다.

『동사강목』 제6하

순암은 거란과 일전을 벌일 각오로 담판에 임한 서희를 높이 평가하고 있습니다. 적을 두려워하여 화친만을 주장한다면 적에게 온갖 농락과 능멸을 당할 것이라는 통찰이 깔려 있는, 자존심을 지킨 판단이었습니다. 여기서 다시 청나라가 오버랩됩니다.

앞서 잠깐 살펴보았듯이 광해군 때 심하 전투에 참전한 조선군은 대패하였습니다. 준비 부족과 전략 부재의 결과였습니다. 궁궐 공사에 정신이 팔려 훈련도 시키지 않은 군사를 파병했습니다. 더구나 겨울철에 군대를 보내면서 누비옷조차 마련해 입히지 못하였습니다. 부족한 준비는 전략 부재로 이어졌습니다. 싸울지 항복할지 모호한 태도로 눈치나 보다가 군사만 전멸시키고 말았습니다. 결국 살아남은 군사는 후금의 노예가 되었습니다.

그러나 이때도 몸 바쳐 싸운 장수는 있었습니다. 버드나무 아래에서 전사했다고 하여 '유하 장군柳下將軍'이라고도 부르는 김응하金應河도 그런 분입니다. 그런데 김응하 장군과 달리 도원수 강홍립은 마치 기다렸다는 듯 항복하였습니다. 문관인 강홍립을 총사령관으로 삼은 것은 광해군이 글과 말이 오가는 외교를 염두에 두어서라고 합니다. 광해군의 밀명密命을 받은 강홍립이 '관형향배觀形向背' 즉 '형세를 보고 싸우든지 말든지 하는 전략'을 취하다가 전황이 불리해지자 후금에 어쩔 수 없이 참전했다고 알린 뒤 항복했다는 것입니다. 전후의 사정으로 보아 광해군의 밀지密旨가 있었던 것으로 보입니다. 강홍립은 이후 광해군과 후금의 가장 중요한 연락책이 됩니다.

이후 강홍립의 행적을 좀 더 살펴보겠습니다. 인조반정 이후 곧바로 이괄李适의 난이 있었습니다. 당시 기익헌奇益獻이 반란군 이괄과 한명련韓明璉의 목을 벰으로써 난을 진압할 수 있게 됩니다. 이때 한명련의 아들 한윤韓潤은 탈출하여 구성龜城에 숨어 있다가 후금으로 달아나 강홍립을 만납니다. 도망친 한윤은 강홍립 등에게 "본국에서 변란이 일어나 당신들의 처자식을 모두 죽였습니다. 나와 함께 만주 군사를 빌려 복수합시다."라고 말하였고, 1626년인조4 조선을 침략할 계획을 세웠습니다.

당시 강홍립은 한윤과 함께 여러 차례 계책을 꾸며 후금 추장 누르하치努爾哈赤에게 조선으로 쳐들어갈 것을 청하였으나, 누르하치는 그들이 조국을 배반하는 것을 미워하여 꾸짖고 물리쳤다고 합니다. 누르하치가 죽은 뒤 대를 이어 홍타이지弘他時가 즉위하자 강홍립과 한윤이 간청하여 드디어 소원을 이루었습니다. 결국 이듬해인 1627년에 후금은 8만여 기騎의 군사를 거느리고 조선을 침략하는데, 정묘호란이 그것입니다.

이때 강홍립은 무슨 역할을 했을까요? 침략할 때는 길잡이 노릇을 했고, 조선과 후금이 휴전 협정을 맺을 때는 통역을 맡았습니다. 언제

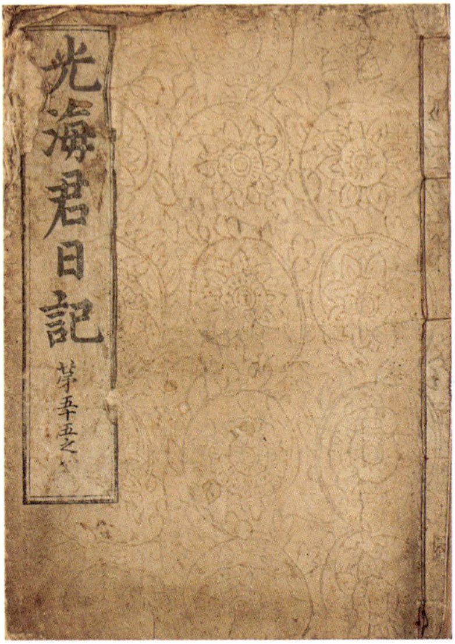

광해군일기光海君日記
1624년(인조2)에 편찬한 『광해군일기』입니다. 광해군 재위 15년 동안의 시정施政을 연월일의 순서에 따라 기록하였습니다. 광해군이 인조반정으로 폐위되었기 때문에 '실록'이라 하지 않고 '일기'라고 명명하였습니다. 광해군의 외교 정책을 실용주의 외교로 칭찬하는 사람도 있지만 여러 모로 따져 본 뒤에야 제대로 평가할 수 있을 것입니다.

든지 적군에게 투항하여 앞잡이가 될 준비를 하였던 강홍립과 한윤의 태도는 순암이 '싸울 각오'를 강조한 취지와 전혀 다릅니다. 그래서인지 『열조통기』 규장각본 소주小註에서는 강홍립에 대한 전기를 '강홍립전姜弘立傳'이라고 하지 않고, '강노전姜奴傳'이라고 했습니다. 강홍립의 이름도 쓰지 않고 '강 노예'라고 부른 것입니다. 김응하 등 싸우다 전사한 장병들과 달리 강홍립은 투항하고 포로가 되었기 때문에 조선에서는 그를 '강 포로[姜虜]'라고 불렀는데, '포로[虜]'라고 할 때의 '로' 자에는 '청나라 오랑캐'라는 뜻도 들어있습니다. 순암이 쓴 '강 노예'란 표현도 그런 뜻이었습니다.

순암은 "심하의 전투에서 사로잡힌 군졸들이 나중에 대부분 도망쳐 돌아왔다."라고 하였습니다. 그러면서 후금 사람들이 "호랑이, 표범 가죽은 길들일 수 있어도, 조선 사람만은 길들일 수가 없다."라고 했다며, 조선 인민의 강한 면모를 기록해 두었습니다. 그동안 일부 역사학자가 후금 군대의 용맹함을 강조하며 광해군과 강홍립의 태도를 중립 외교로 합리화하는 설명과 대비해 보면 기조가 전혀 다르지 않습니까? 순암은 이런 기회주의적인 외교가 벌어진 배경을 정확히 알고 있었습니다. 광해군의 정치가 혼란스럽고 백성은 곤궁에 처해 있기 때문에 주체적인 외교 전략을 구사할 수 없었다는 것입니다.

순암의 말은 병자호란 당시 척화론斥和論의 연장선에 있습니다. 척화론 하면 청음淸陰 김상헌金尙憲을 떠올리지만, 용주龍洲 조경趙絅 등 많은 조선의 관료와 학자가 척화에 동참했습니다. 침략에 대한 공분이었습니다. 일제 침략에 대한 저항과 공분 같은 것이지요.

그런데 역사를 보는 관점에 어처구니없는 흐름이 생깁니다. 일제 강점기에 이나바 이와키치稻葉岩吉는 광해군을 '실용주의 외교로 백성에게 은택을 입힌' 군주라고 해석하는 한편, 심하 전투 이후 조선과 후금의 관계를 '부활하는 만주와 조선 관계'라고 반가워합니다.

이나바의 요점은 명나라의 원병 요청을 거부하고 후금과 화친하려고 했던 광해군의 외교는 현실적이고 백성에게 은혜로운 정책이었다는 것입니다. 일본 육군 참모 본부와 육군 대학에서 강의하고 조선사편수회의 간사를 지낸 이나바의 경력이나 연구 경향을 볼 때, 그가 가진 만선 사관滿鮮史觀이 드러난 것으로 볼 수 있습니다. 이는 조선의 운명 또는 역사를 주체적으로 변화를 이끌었다고 보지 않고 명에서 청으로의 전환, 즉 중국사의 변동 안에서 규정지어 버린 것이었습니다.

이나바는 왜 광해군의 중립 외교라는 해석을 내놓았을까요? '대세를 따르라'는 것입니다. '대세 순응'이지요. 이 패배주의는 '강자를 따르라'는 식민주의자들의 요구입니다. 그러나 지식인이라면 적어도 후금의 '침략'을 먼저 지적해야 하는 것이 아닐까요? '대세 추종'보다 '자존심이 있는 패배', '자존심이 있는 죽음'을 택한 데 대해서는 경의를 표하는 것이 순서가 아니었을까요? 침략에 대한 '저항'과 '상처'에 대해서는 '가슴 아프게' 동감해야 하는 것이 아닐까요? 순암이라면 그랬을 것 같습니다.

평양성공방도平壤城攻防圖 병풍

1593년(선조26) 1월 조선과 명나라 연합군이 평양성을 되찾기 위하여 일본군과 싸우는 모습을 그린 민화民畵 병풍입니다. 조선 시대 사람들은 임진왜란 때 거의 망하게 된 조선을 구해 준 은혜를 명나라에 반드시 갚아야 한다고 생각하였습니다.

그럼에도 불구하고 이나바의 이러한 해석은 이후 '중립 외교'라는 이름으로 역사학계에서 광해군을 재해석하는 기본 틀이 되어 왔습니다.

광해군이 사대와 '재조지은再造之恩'이라는 명분보다는 국가의 이익을 중시하는 실리 외교, 중립 외교를 폈다는 것이지요. 재조지은은 명나라가 임진왜란 때 거의 망하게 된 조선을 다시 세워 준 은혜라는 뜻으로 조선 시대에 쓰던 말입니다. 광해군을 재해석한 이러한 견해는 명분은 헛된 것, 실리는 바람직한 것이라고 이분법적으로 갈라서 보는 것인데, 명분과 실리는 그런 게 아니지요. 명분 없는 실리는 오래가지 못하고, 실리 없는 명분은 공허한 것입니다. 원칙과 비전이 없는 정책이 오래갈 수 없는 것과 마찬가지입니다.

강 무진년(1388)|전 폐왕 우 14년| (중략) 2월. (중략) 황제가 철령위鐵嶺衛를 세우고자 조서를 내리니, 밀직제학密直提學 박의중朴宜中을 보내 변론하게 하였다.

목 황제가 호부戶部에 명하여 자문咨文을 보내 왔다.

"철령 이북·이서·이동은 원래 개원로開元路 원나라 때 설치한 행정 구역에 속하니, 관할 구역 안의 군인과 중국 사람·여진·달달達達·고려 사람도 그대로 요동도遼東道에 귀속시키라."

마침내 박의중을 보내 표문을 올려 청하였다.

"철령 이북은 문주文州 문천文川·고주高州 고원高原·화주和州 영흥永興·정주定州 정평定平·함주咸州 함흥咸興 등 여러 주를 거쳐 공험진公嶮鎭에 이르기까지 예부터 본국의 땅이었습니다. 요나라 건통乾統 7년1107에 이르러 동여진東女眞이 난을 일으켜 함주 이북의 땅을 빼앗아 점거하자, 고려 예종이 요나라에 고하여 그들을 쳐서 회복하기를 청하고, 함주·공험진 등에 성을 쌓았습니다.

원나라 무오년1258, 고종45에 이르러 본국 반란자 조휘趙暉 등이 화주 이북 땅을 가지고 원나라에 항복하였는데, 이들이 금나라의

요동 함주로咸州路|『성경지盛京志』에는 지금의 철령현鐵嶺縣으로 요나라의 함주咸州 경계라고 하였다.| 부근의 심주瀋州에|요나라·금나라의 심주瀋州 즉 지금의 봉천부奉天府이다.| 쌍성현雙城縣이|요나라 쌍주雙州의 쌍성현으로 지금의 철령현 서남에 있다.| 있고, 본국의 함주 근처 화주에 옛날에 쌓은 작은 성 두 곳이 있다는 것을 듣고는 명확하지 않게 대충 주청하여 드디어 화주를 쌍성雙城이라 부르고, 조휘를 쌍성 총관摠管으로 삼았습니다. 지정至正 16년1356, 공민왕5에 원나라에 진달하여 화주 이북을 본국에 귀속시켰습니다.

지금 철령 이북·이동·이서는 원래 개원로에 속하니 소관 군인과 백성도 그대로 요동에 귀속시키라는 명령을 받았습니다. 철령이 수도에서 겨우 3백 리 떨어졌고, 공험진을 변방 경계로 한정한 것이 한두 해가 아니오니, 바라옵건대 몇몇 주의 땅을 그대로 본국에 귀속시켜 주십시오."

안 명 태조가 이미 북쪽의 오랑캐를 평정하고서는 땅을 넓히고자 조회하는 작은 나라를 침탈하니, 몹시 옳지 못하다. 단군·기자가 개국한 이래 역대로 계통을 전승해 왔으니, 우리나라는 여러 오랑캐 부락이 수시로 모였다 흩어졌던 것과는 다르다. 그러니 중국은 회유하는 방법을 시행해야지 먼 나라를 침략하는 데 힘써 인심을 잃을 필요가 없다. 한나라가 사군四郡을 설치하고 당나라가 고구려와 백제를 멸망시키고 땅을 차지했지만 곧바로 잃어버려 오랑캐의 웃음거리만 되었을 뿐이다. 그러니 도대체 무슨 이익이 있었겠는가?

명 태조가 늘 옛 성왕의 법도를 따랐지만 철령에 위衛를 세운 일은 '덕을 힘쓰고 영토를 넓히는 데는 힘쓰지 않는다.'라는 성왕의 취지와 너무도 달랐다. 어떤 이는 이렇게 말한다.

"이때 우리 태조의 높은 덕이 날로 성해지자 공훈을 시기하는 자가 모함하려고 중국을 부추겨 고의로 우리나라에 일이 벌어지게 하였다."

후일 윤이尹彝·이초李初의 일을 보면 그런 것 같기도 하지만 명 태조가 곧 그만둔 것으로 보아 그의 본뜻이 아니었음을 알 수 있다.

『성경지』를 살펴보니, 철령 옛 성이 지금 주치州治의 남쪽 5백 리 되는 고려와의 경계에 있는데, 홍무洪武 21년1388에 그곳에 위를 세웠고, 26년에 지금 땅으로 옮겼다. 지금의 심양 북쪽 철령현이 그곳이다. 철령이란 이름은 우리나라의 철령을 따다가 지명을 붙인 것이다.

처음을 고찰하여 말하면 요하遼河 이동, 오라烏喇 이남은 본래 우리 땅인데, 고려 이후 처음으로 두만강과 압록강을 엄중한 경계로 삼았으니, 변론하기 어렵지 않다.

『동사강목』 제16하

명나라가 철령위 설치를 통해 고려의 영토를 잠식하고자 한 데 대해 순암은 사론을 통해 "작은 나라를 침탈하니, 몹시 옳지 못하다."라고 강력하게 비판하였습니다. 동시에 이 땅은 고구려 때부터 본래 조선 땅이라는 인식을 분명히 하였습니다. 이런 인식이 후배 유득공柳

得恭 때 가서 남북국 시대라는 역사 이해로 이어진 것이 아닐까 생각해 봅니다.

참고 자료

원전 자료

『고려사高麗史』, 『고려사절요高麗史節要』, 『논어論語』, 『당감唐鑑』, 『대학大學』, 『맹자孟子』, 『삼국사기三國史記』, 『삼국유사三國遺事』, 『열조통기列朝通紀』, 『자치통감資治通鑑』, 『자치통감강목資治通鑑綱目』, 조선왕조실록朝鮮王朝實錄, 『춘추좌씨전春秋左氏傳』, 『치평요람治平要覽』, 『호씨춘추전胡氏春秋傳』.

저서 및 역주서

강세구 외, 『순암연구총서』, 성균관대학교출판부, 2012.

나카자와 신이치 지음, 김옥희 옮김, 『곰에서 왕으로 : 국가, 그리고 야만의 탄생』, 동아시아, 2003.

박종기, 『안정복, 고려사를 공부하다』, 고즈윈, 2006.

안정복 지음, 김성환 외 옮김, 『국역 동사강목』, 한국고전번역원, 1982 완역.

알라이다 아스만 지음, 변학수 외 옮김, 『기억의 공간』, 그린비, 2011.

오항녕, 『朝鮮初期 性理學과 歷史學 : 기억의 복원, 좌표의 성찰』, 고려대학교 민족문화연구원, 2007.

_____, 『한국 사관제도 성립사』, 일지사, 2009.

_____, 『기록한다는 것』, 너머학교, 2010.

_____, 『조선의 힘 : 조선, 500년 문명의 역동성을 찾다』, 역사비평사, 2010.

_____, 『광해군 : 그 위험한 거울』, 너머북스, 2012.

유지기 지음, 오항녕 옮김, 『사통』, 역사비평사, 2012.

위백규 지음, 오항녕 외 옮김, 『국역 존재집』, 흐름출판사, 2014.

진덕수 지음, 오항녕 외 옮김, 『국역 대학연의大學衍義』, 서울대학교출판부, 2015.

논문

김세윤, 「安鼎福의 列朝通紀에 대한 一考察」, 『부산여대사학』 3집, 1985.

_____, 「順菴 安鼎福의 朝鮮時代認識」, 『부산여대사학』 4집, 1986.

오항녕, 「順菴 安鼎福의 斷代史 編年體, 『列朝通紀』」, 『한국실학연구』 제25호, 2013.

원재린, 「『동소만록桐巢漫錄』에 반영된 남하정南夏正의 정국인식」, 『역사와 현실』 제85호, 2012.

田中謙二, 「資治通鑑의 理解」, 閔斗基 편, 『中國의 歷史認識』 上, 창작과 비평사, 1985.

정재훈, 「『國朝寶鑑』을 통해 본 朝鮮前期의 政治思想」, 『國史館論叢』 제100집, 2002.

정호훈, 「『아아록我我錄』의 조선 정치사 서술과 인식 태도」, 『역사와 현실』 제85호, 2012.

사진 자료 제공처

15쪽 **동사강목** 규장각한국학연구원
20쪽 **경도** 규장각한국학연구원
25쪽 **동사강목초** 성균관대학교 존경각
27쪽 **순암집** 규장각한국학연구원
34쪽 **삼국사기** 국립중앙박물관
36쪽 **야연사준도** 고려대학교박물관
39쪽 **춘추** 국립중앙박물관
41쪽 **동사강목** 규장각한국학연구원
45쪽 **안향 초상** 국립중앙박물관
49쪽 **조선왕조실록** 규장각한국학연구원
54쪽 **주문공 진상** 영남대학교박물관
54쪽 **자치통감과 자치통감강목** 국립중앙박물관
61쪽 **동사강목 제1상** 규장각한국학연구원
65쪽 **장릉도** 한국학중앙연구원 장서각
66쪽 **세조 어진** 해인사성보박물관
70쪽 **선덕여왕릉** 문화재청
72쪽 **정몽주 초상** 국립중앙박물관
72쪽 **이색 초상** 국립중앙박물관
86쪽 **기자묘** 국립민속박물관
89쪽 **응제시주** 국립중앙박물관
103쪽 **감은사지 석탑** 문화재청
115쪽 **맹자집주대전** 국립중앙박물관
122쪽 **동궐도** 고려대학교박물관
127쪽 **서궐도안 중 숭정전 부근** 고려대학교박물관
133쪽 **백제전성도** 규장각한국학연구원
137쪽 **고려통일도** 규장각한국학연구원

138쪽 **이제현 초상** 국립중앙박물관
141쪽 **내시** 숭실대학교 한국기독교박물관
146쪽 **평양도 중의 석전 장면** 서울대학교박물관
158쪽 **장조 왕세자 책봉 교명과 죽책** 국립고궁박물관
162쪽 **영조 어진** 국립고궁박물관
168쪽 **기전고 중의 기전도** 규장각한국학연구원
170쪽 **평양도** 서울대학교박물관
185쪽 **세곡선** 규장각한국학연구원
195쪽 **송시열 초상** 국립중앙박물관
202쪽 **이차돈 순교비** 국립경주박물관
212쪽 **장륙존상 받침대** 문화재청
213쪽 **황룡사 복원 모형** 국립경주박물관
215쪽 **송도** 규장각한국학연구원
217쪽 **공민왕 부부 영정** 국립고궁박물관
224쪽 **항해조천도** 국립중앙박물관
224쪽 **의순관영조도** 규장각한국학연구원
230쪽 **동래부사접왜도** 국립중앙박물관
232쪽 **성호사설** 국립중앙박물관
234쪽 **천조장사전별도** 한국국학진흥원(풍산 김씨 오미동 참봉댁)
238쪽 **신라통일도** 규장각한국학연구원
240쪽 **호병도** 국립중앙박물관
245쪽 **거란 문자를 새긴 동경** 국립중앙박물관
248쪽 **광해군일기** 국립중앙박물관
250쪽 **평양성공방도 병풍** 국립중앙박물관

*소장하고 계신 사진 자료를 제공해 주신 기관과 소장자 분께 깊은 감사를 드립니다.

조선 역사학의 저력

순암 안정복의 동사강목

오항녕 지음
김건우 감수

2015년 8월 31일 초판 1쇄 발행

발행 한국고전번역원 | **등록** 2008. 3. 12. 제300-2008-22호
주소 03000 서울시 종로구 비봉길 1
전화 02-6339-8819 | **팩스** 02-394-8803 | **홈페이지** www.itkc.or.kr

발행인 이명학
기획·편집 한국고전번역원 콘텐츠기획실
책임편집 하승현 | **편집진행** 김현태 양유미 이원숙 최두헌
디자인 f205 | **인쇄** 형제아트인쇄(주)

값 12,000원
ISBN 978-89-284-0337-0 43900

* 이 책은 교육부로부터 인문학 진흥을 위한 저서출판지원을 받아 출간하였습니다.